ⓏⒶざいさつアップル新書 007

札幌市役所
「権力継承と確執」70年史

扁集部／編著

はじめに

高田富与、原田与作、板垣武四、桂信雄、上田文雄、そして昨年の選挙で市長になったばかりの秋元克広――戦後70年間、道都・札幌市の最高権力者のポストに就いた６人である。

権力の座には魔物がすむという。歴代、権力の周辺では継承をめぐって首脳間に間隙《かんげき》を生じ、確執がついて回った。

かつて原田与作が、高田富与に対する批判、怨念を限定本（非売品）に記し、死後、外部に漏れて耳目を集めたことがある。

それは――《私を後援してくれる人々は、高田さんが４選に出馬するかどうかをいろいろな方法で確かめようとしたようだが、なかなか確かめられなかった。段々日が押しせまるにつれて私の後援者はあせって、私と高田さんが直接会って懇談せよとすすめる人もあったが、私はそれを謝絶した》

《それは高田さんの周辺からはかねて「原田は能力はあるが人気がない」とか「行政家だが政治家でない」という私に対する批判が流れており、高田さん自身もこれを肯定していたと信ぜられるからである》——といったものである。

この種のことが自らの文章で残されることは珍しい。本文ではもっと生々しく刺激的な部分もたくさん紹介してあるので、お読みいただきたい。

最大の権力争奪戦である市長選挙もまた、数々のドラマを生んだ。

札幌市政初の革新市長・上田文雄の登場や〝上田後継〟秋元克広の勝利の大きな要因となった〝保守分裂〟の構図も詳述した。

目次

第1章

原田与作が「人生記録」に秘めた高田富与への怨念

毒舌ワンマン市長の高田富与と次期市長の座を意識する筆頭助役の原田与作。「原田なんかいなくたって俺は市長くらいやっていける」——そんなひと言が原田の耳に入り、2人の間に抜き差しならない亀裂が広がっていった。そして……

2009年に人口190万人を突破

市制が施行されて札幌が市になったのは94年前、1922年（大正11年）のことである。初代市長は高岡直吉。以降、橋本正治、三沢寛一、上原六郎と続く。いずれも政府の指名による〝官選〟の市長だ。

戦後、公職追放で4代目市長の上原が在職わずか1年ちょっとで退任。

1947年（昭和22年）4月、高田富与が、公選による初代札幌市長となり、

3期12年（昭和22年〜同34年）を務めた。この間、札幌の人口は25万人から52万人に倍増した。

続いて助役から市長になった原田与作が3期12年（昭和34年〜同46年）を務め、人口も110万人を突破。

原田の後の公選3代目市長が板垣武四（昭和46年〜平成3年）で、5期20年の長期政権。人口160万人。

そして桂信雄（平成3年〜同15年）が3期12年。人口180万人。

上田文雄（平成15年〜同27年）が3期12年。人口は194万人と、2009年5月に、ついに190万人を突破している。

ちなみに、1869年（明治2年）、判官・島義勇が札幌に開拓使の本府を開いてから数えると、札幌は101年目で100万人、140年目で190万人台に乗せたことになる。

札幌を構想した島は、ロシアが攻めてくることを前提に、どう防御態勢をとるかを基本とした。

それで札幌を石狩浜から18キロ離した。ロシアの大砲にやられるから、あえて海から離したのだ。

万里の長城は高さで敵を防いだが、札幌は距離で守った。その途中の北区屯田や篠路に屯田兵をおいて、上陸したロシア兵をやっつけようという構想だ。当時の戦術からして18キロというのは絶妙の距離であった。

明治15年代にはすでに東屯田通りと西屯田通りがあった。国道２３０号は本願寺が自らお金を出してつくったもので、ここに本願寺の人たちを住まわせて、屯田兵として南の守りに当たらせた。

琴似神社のところに屯田兵の司令部があって、ここが西の守りの拠点だった。月寒には帝国陸軍の連隊本部をおいた。また豊平川と石狩川の合流地点に札幌刑務所をつくった。刑務所はいざとなったら防衛施設にもなる。

東西南北の拠点がほぼ等距離にある。骨格だけみると札幌は城下町そのものであった。

毒舌・ワンマンでならした高田富与

終戦直後の札幌市役所は、みんな黒い〝ウデ抜き〟姿で、昔の映画によく出てくる田舎の役場風景そのものだった。

若い人は戦争にとられて年寄りばかり。荒廃したふるさと。荒廃した役場。

高田富与氏

市長の上原六郎は、これじゃだめだと広く若い人材を求め、まず東京市の理事だった原田与作を引き抜き、財政課長、助役として財政運営をまかせた。

板垣武四、小塩進作らも前後して採用されている。

板垣（東京帝国大学卒）と小塩（北海道帝国大学卒）は、一中（現・札幌南高校）の同期生である。

板垣は、１９４１年（昭和16年）に大学を出て三菱電機（神戸）に入り、勤労課長をやっていた。結婚して子供もいたが、協議離婚している。札幌から勤労奉仕にきていた女学生と板垣が恋に落ちたのが原因だといわれている。その女性が後に市長夫人となる満子だ。

終戦で会社は壊滅、神戸も焼け野原となった。会社をやめた板垣は満子とともに札幌に戻った。

後に板垣は「終戦で茫然自失。自分はどうしたらいいかを考え、再起はまずふるさとから始めようと北海道に帰ってきた」と周囲に語っていたという。

板垣と小塩は、1946年（昭和21年）の衆議院選挙で当選した椎熊三郎の応援弁士として選挙カーに乗った。このとき「あの若い2人はなかなかいいじゃないか」とみんなの目にとまり、それが市役所入りのきっかけとなった。

上原が1年ちょっとで退任、市役所は高田富与時代に入ったが、高田は赤井醇、大刀豊らを採用。

また板垣が「東大の後輩で、いま千歳の進駐軍相手に通訳のアルバイトをしている男がいる」と連れてきたのが平瀬徹也だった。

のちに市の大幹部になるこれら若き有望株がそろったのが1948年（昭和23年）ころだった。新生札幌市のスタートである。

高田富与は1892年（明治25年）、福島県生まれ。10歳のときに来道。北海道師範学校を出て山鼻小学校などの教師をしていたが、一念発起、中央大学専門部を出て弁護士試験に合格。31歳のとき弁護士事務所を開業。敏腕弁護士として鳴らした。38歳札幌市議会議員当選、市議としても存在感を示した。

戦後初の札幌市長公職選挙に立候補、当選したのが55歳のときだ。以来3期12年、戦後の荒れはてた町を立て直すために、大胆で型破りな市政を推進した。

道路、河川、橋、上下水道、側溝、公園などの土木工事、食料配給、電車・バスの回復、住宅、義務教育の改革などを次々と進めた。

2期目、3期目には円山動物園、テレビ塔、中央卸売市場、市民会館、藻岩山観光施設等々、その後の札幌市の発展に重要な役割を果たす施設をつくり、あらゆる面で近代都市の基礎を築いた。

白石村を合併、在任中に人口も50万人を突破した。

高田は毒舌家として名をはせ、ワンマン、高姿勢は、ときには与党議員からさえ反発を招くこともあった。

市長をやめた高田は、衆院1区代議士・町村金五の後がまとして、衆院補選に出馬、赤じゅうたんを踏んでいる。

“高田4選論”に、いら立つ原田与作

１９５９年（昭和34年）、助役だった原田与作が市長になった。原田は栃木県出身。１９００年（明治33年）生まれ。札幌師範を経て日本大学中退。前述の通り終戦直後、スカウトされて東京市から札幌市に転じ、翌年から助役になっていた。

３期12年の原田市政の最大の目玉はオリンピックの招致であった。

１９６８年の冬季オリンピック開催地として立候補して敗れ、市議会で野党から不信任案をつきつけられたこともあった。これにくじけることなく原田は「今度、招致に敗れたら市長を辞任する覚悟」で再度立候補。見事１９７２年（昭和

47年）のオリンピックを招致することに成功したのだ。

原田はオリンピックが開催される前の年に助役の板垣武四にバトンを譲っており、オリンピック行事には前市長としてのぞんでいる。真駒内屋外競技場のロイヤルボックスで、涙を浮かべながら開会式を見ている原田の姿は、関係者の胸を強くうった。

原田与作氏

オリンピックの派手な面に隠されているが、原田が市長として最もその力量を発揮したのは健全財政の確立であった。札幌市が他の大都市と比べても安定した財政を維持していたのは、原田の堅実な財政運営に負うところが大きかった。

駅前通の拡幅、地域暖房計画、地下鉄建設など、札幌の都市基盤の大半は原田時代に築かれている。人口も110万人を超えた。

前述のとおり、原田は上原六郎にスカウトされて札幌市にきている。ところが1年ちょっとで上原がパージにあい、原田は親分を失った。

さる市役所関係者は次のように語っている。

「当時、みんなが初の公選市長候補を探した。そんな中で原田さんが、市議で弁護士の高田さんを強く推薦したといわれている。上原さんが突然去ったあと、原田さんも自分の将来を危惧していたと思う」

「それで高田さんが市長になり、助役だった原田さんの身も安泰となった。ところが高田体制の中で、板垣さんが産業課長、秘書課長などをやり、メキメキ頭角をあらわした。そして、38歳の若さで助役になった。高田3期目は原田第1助役、板垣第2助役という体制」

「高田さんという人は、ああいう人だから、原田さんが自分を市長候補に推薦してくれたという恩義など少しも感じていない。それればかりか原田は人間が堅くて面白くないやつだと。その点、板垣はういやつだ、となった。高田さんはおそらく原田さんよりも板垣さんに譲りたかったのだと思う」

高田の3期目の後半、後継問題が大きなテーマとなってきた。

当然、第1助役の原田に「次期市長」の呼び声がかかる。だが、「あの人でなければダメだ」といった盛り上がりがなかなか出てこない。市議会保守陣営のボス的存在だった竹中三郎などは、終始原田に難色を示した。

そんな中、次第に高田4選論が強まり、原田をイライラさせる。

一方では板垣もまた胸中ひそかに市長選への野心を燃やしていた。しかし周囲から「君はまだ若い。原田が2期やってもまだ40代じゃないか。ここはジッとしているべきだ」と諭されていた。

3期でやめるのか、4選に挑むのか。高田はなかなか態度をはっきりさせなかった。市長選までですでに1年を切っている。原田のいら立ちはつのった。

ところが1958年（昭和33年）の夏も終わりの頃、意外な結末で原田の出馬が決まった。

市長選と同時におこなわれる知事選に、現職知事の田中敏文が出馬しないことがはっきりし、社会党が1区選出代議士の横路節雄を立てることになった。

これに対して保守陣営は道政奪還の切り札として、同じ1区の町村金五をぶつけることになったのだ。

かくして1区の補欠選挙がおこなわれることになり、町村のあとがまとして高田の名前が急浮上してきた。

「原田さんの出馬を渋る高田さんに対するアフターケアとして、自民党関係者がひそかに描いたシナリオだった」（自民党筋）

1958年（昭和33年）9月中旬、高田は原田を市長室に呼んでこう口を開いた。

「私は4選に立候補しない。あとは君がやったらよかろう」

高田さんを親分と思ったことはない

原田は市長をやめてから6年後の1977年（昭和52年）1月、自らの生い立ちから市長退任までの生涯を書き記した「人生記録」を出している。

仕事のほかに家庭生活のことまでこと細かくふれた３４０ページにも及ぶ力作。

執筆に約2年かけ、非売品として身内やごく親しい知人など、限られた人たちに贈られた限定本である。

生前、この本のことを知る関係者は、おそらく意識して伏せていたのだろうが、広く一般にはまったく知られてはいなかった。

原田の死後、この本が大きな反響を呼んだ。

とりわけ関心を集めたのは、原田が助役時代の思い出を綴った箇所で、当時の高田市政に対する原田の見方がきわめて批判的であったこと、同時にその内容に、高田に対する怨念にも似た激しい感情が満ちあふれていたことだった。

以下、原田の「人生記録」の一部を抜粋、紹介する。

◇　◇

《街頭雑文衆や一部の人々は、私は市政に対する高田学校の出身者であるとか、高田さんの子分であるかのようにいう者があるが、よい意味でも悪い意味でも私と高田さんとはそのような関係にはなかった》

《後日高田さんは私がかつて3年程在学した札幌師範学校の卒業生であると知ったが、年齢も私より8歳くらい上で、私が入学した頃は既に卒業しており、学校を出てからは約30年間も全く別の道を歩いていたので、学窓を通じての懇親さというものは少しも感じていなかった》

《高田さんから見てどう感じたか分からないが、私からは高田学校の生徒と思ったこともないし、高田さんを親分とも思ったことはなかった。高田さんが市長になってから採用した職員は別として、従来からおった職員や私はいわば既製品だったのである》

《自ら納得して助役に就任した以上、東京市政で肌で体験してきたように市長と助役とは進退をともにするほど表裏一体でなければならないと固く信じ、内部的には意見を異にすることがあっても、対外的には高田さんと私の関係には少しも間隙を見せないように努めたつもりである》
《高田さんはわれわれ仲間では有名な毒舌家といわれていた。毒舌といっても世にいう社会風刺的なものを含んでいたものは少なく、多くは相手に対する諧ぎゃく的座興で座を沸かせる程度のもので、悪意をこめた攻撃的なものではなかった。しかし人によっては内心かなり深刻に感じたようである》
《このような高田さんの態度は第2期市長選がほとんど独走体制であり、市政も伸展し、市会における与党勢力が安定するに従って高まっていったようだったが、議会内部においては折につけ批判も増大を感ずるようになった》

《第2期高田市政における自信の深まりと、高姿勢の態度は、次第に高田批判の声を高めた。第2期目の終わりに近いころ、市議会において与党が圧倒的に多数であったにもかかわらず、市長が提出した株式会社札幌振興公社設立案がわずか1票の差で否決されたのは右のような背景の現れであった》

《「僅少差で否決」ということになった背景には、理論的反対のほかに高田さんの態度に対する感情的反発が内在していたことは確かであった。議会と再折衝してこの案を復活可決してもらうまでには1年7カ月ほどの日時を要したが、私の苦心した思い出の1つである》

高田が「自分の面（つら）を考えろ」

高田は板垣のことをかわいがるが、原田に対しては「堅くて面白みのないやつだ」という態度。

原田は原田で高田の毒舌ワンマンぶりに辟易し、次第に不満を募らせ、2人の距離は広がっていく。

そのあたりを原田は次のように書き記す。

◇　　◇

《私と高田さんとの間に心情的間隙が見え始めたと私が感じたことがある》

《それは第2期以降のことである。それまでは高田さんの悪口癖で酒席等でいろいろなことをいわれた。例えば私が現在の妻との結婚の話が出たとき「自分の面（つら）考えて、美人でなくても女でさえあれば誰でももらってしまえよ」とか、「君なんか得をしたなァ、家内を3人ももらって、俺なんか1人の婆を守って焼きもちやきで苦労している」等といったたぐいである。よく酒席などに出てくる下劣な冗談であったが、私と高田さんとの対人関係からいって、私が妻を2人も失って家庭再建に苦労しているときだったので、決して愉快な座興とは感じられなかった》

《だが次のような高田さんの話は高田さんと私との間隙を大きくしていくきっかけとなったようである。それは第2期札幌市長選と時を同じくして北海道知事選が行われ、田中敏文氏（社会）と黒沢酉蔵氏（保守）が立候補し、田中氏が当選したのであった。札幌市の部長会議が終わって雑談のとき、さりげない風でそのときのことを回顧しつつ「…さきの知事選で黒沢が勝ったら困ることになると思った。黒沢というのは財政に明るくないから原田を副知事にでもして送り込まなければならないと思ったからだ。こんなことをうちの婆（高田さんの妻）に話したら婆が、そんなことをしたらあなたは札幌市長が務まらないでしょうといったので、馬鹿！原田がいなくたって市長ぐらいやっていけるよ！と怒鳴りつけてやった」というのであった》

《こんな話は聞く人の立場によって受け止め方が異なるであろうが、私は高田さんにとってぜひ必要な人間でないということを間接的に表現したものと思った》

《後日高田さんの書いた市政私記「去就に迷う」の項によると、高田さんあるいは高田さんを取り巻く若干の人々は第3期市長選について私をライバルと感じていたようである》

親愛とか敬服の気持ちも少なかった

高田４選か、原田への禅譲かで、２人の間にすでに抜きさしならない亀裂が入り、市議会与党も大揺れに揺れた。そのころのことを振り返って、原田はこう記している。

◇　◇

《私を後援してくれる人々は、高田さんが４選に出馬するかどうかをいろいろな方法で確かめようとしたようだが、なかなか確かめられなかった。段々日が押しせまるにつれて私の後援者はあせって、私と高田さんが直接会って懇談せよとすすめる人もあったが私はそれを謝絶した。それは高田さんの周辺からはかねて

「原田は能力はあるが人気がない」とか「行政家だが政治家でない」という私に対する批判が流れており、高田さん自身もこれを肯定していたと信ぜられるからである》

《またある人は私が高田さんの所へ行って頼んで来いともいった。しかし私はそれを断った。それは高田さんはかねてから「原田は能力があるが人気がない。原田の場合は有力な対立候補者が出ては勝ちそうもない」と他人に漏らしていたということを聞いており、酒席等では私に「君は選挙面（づら）していないものなァ」等と冗談らしくいわれたことが再三あったので、私に対する高田さんの気持ちは十分推察出来たから頼みに行く等という気持ちにはなれなかった》

《また率直にいって私は高田さんの下で十数年助役をつとめたが、この間市政に関して高田さんに啓蒙啓発されたということはなかったし、人間高田として一風変わった存在として興味を持ったが、親愛とか敬服とかいった気持ちも少なかったので、辞を低くして話しをすることはへつらうことになるという一種の自負心めいたものがあったからである》

《さらにまた私が市長に当選したとき高田さんに懇願して市長になった等ということが市民の間に流布されると、原田の背後に「リモコン」の仕組みがある等と想像され、市民から与えられた栄誉ある地位を汚すことになる恐れもあるからである》

◇　◇

高田への激しい感情がひしひしと伝わる筆致である。

さて、原田市政の3期12年間、板垣はずっと助役をつとめた。高田3期目から数えると助役4期だ。

巷間「原田のあとは板垣」といわれ、板垣もまた原田は3期でやめて自分におはちが回ってくると皮算用していた。ところが原田はいっこうに後継指名しない。それればかりか「原田は高田の子分の板垣を快く思っていない」といった不仲説が流れたり、原田4選論まで出た。4選論が消えた後も、原田の後援会組織が収入役の中島好雄の擁立に動き出して、保守陣営まっぷたつの騒動に発展する。

権力の座には魔物がすむという。あれだけ高田に煮え湯を飲まされ怨念を抱いた原田が、ちょうど逆の立場に立ったのだ。

板垣か、中島か――「ポスト原田」をめぐるドラマに舞台は移っていく。

第2章

田中角栄、板垣武四、道新・上関敏夫の〝蜜月〟

1971年(昭和46年)から5期20年間、札幌市長の座に君臨してきた板垣武四。衆院1区代議士・地崎宇三郎、知事・堂垣内尚弘との親密な仲は有名だった。だが、田中角栄、北海道新聞社社長・上関敏夫との関係はあまり知られていない。

因果はめぐって市長と助役がまた……

かつて高田の4選論に悩まされた原田だったが、こんどは自分にも4選論が高まり、後継をめざしていた板垣をいら立たせた。見ようによっては、高田から受けた意地悪の数々を〝高田のメンコ〟の板垣に意趣返ししたとも見える。

「原田さんは自分が市長に出るとき、高田市長がはっきりしなかった。長いこと助役として仕えてきたのに、自分を指名してくれないのは残念とぼやいていたのに、こんど自分がやめる段になると後継者を指名したがらない。因果はめぐるだ」といった批判も出たことは当然だった。

オリンピックという世紀の大事業誘致に成功した原田に「なんとか4選をさせて、市長としてオリンピック開会式をやらせたい」といった声が出ていた。

原田の推薦母体だった「市政懇話会」の主流派、小谷義雄、武田義明、山藤国八、広西小一郎ら大物経済人は4選体制をつくりはじめていた。

一方、高田市政で4年、原田市政で12年も助役だった板垣はやる気満々。板垣擁立シナリオ

板垣武四氏

旧札幌市庁舎

もまた着々と進行していた。

そもそも高田が引退するときに、板垣は胸中ひそかに市長選への意欲を燃やしていた。このときは周囲から「君はまだ若い。原田が2期やっても、まだ40代じゃないか。ここはジッとしているべきだ」と諭されて思いとどまっている。

さらに原田の3回目の選挙のときは、持ち駒のなかった社会党が、対立候補として板垣の担ぎ出し工作を進めた場面もあった。

板垣はこれに乗らず、あくまでも原田か

らの政権禅譲を期待する姿勢できた。
それなのに原田からの後継指名がない。

中島好雄、突然の辞退宣言で板垣に

同じ時期、知事のほうは、町村金五が前北海道開発庁事務次官の堂垣内尚弘を後継指名し、堂垣内を連れて全道を行脚していた。

前市長の高田富与は「板垣は若いというが、この次出るときは56歳。私が初めて市長になったときと同じ年。原田も立派にやっているが、市長というものは3選が限界。町村君がやめるんだから原田もやめるべきだ」と、かわいい子分の板垣のためにさかんに応援発言をした。

だが、原田は「次期市長は市民が選ぶもの。私が指名することは妥当ではない」という姿勢を崩さない。

高まる原田4選論。いら立つ板垣。

原田の推薦母体である市政懇話会の幹部は、「原田市長は3選でやめたいんだ。しかしオリンピックがあるからやめさせるわけにはいかない。板垣さんはあせることはない。原田市長が4選でやめたあと引き受けても板垣さんは60歳だ。原田さんが市長になったときも60歳。あせることはない。市長と助役が相争うことだけは避けねばならない」と原田一色だった。

だが、その原田が、がんで3度にわたって入院したころから〝原田4選論〟はあえなくつぶれた。

ところが、それでもスンナリと板垣というわけにはいかなかった。

市政懇話会の一部実力者が収入役の中島好雄の擁立に動き出したからだ。

「原田市長の選挙のときに板垣助役はひとつも動かなかった。自分の親分の原田市長の運命をわけた選挙に高見の見物では、選挙に血道をあげている連中はおもしろくない。その点、中島収入役などは同じ師範学校出身というつながりもあって、原田市長のために命がけでやってくれた」

原田、板垣不仲説もまことしやかに流れていた。

原田、板垣、中島の距離感について関係者はこう解説する。

「原田も中島も札幌師範出身。原田が助役から市長になるとき、高田前市長からずいぶん嫌な目にあわされた。板垣をはじめ局長たちは高田崇拝者が多かったが、そんな中で収入役の中島や前収入役の石林清ら〝札師閥〟が、原田の

中島好雄氏

ために忠誠を誓って選挙運動をやってくれた。原田にとって中島は自分の子分。板垣は高田の子分ということだったと思う」

〝ポスト原田〟は助役の板垣か、収入役の中島か。保守陣営は上を下への大騒ぎとなった。

1971年（昭和46年）の市長選の1、2年前のことである。

とはいえ、板垣が庁内で長い間つちかってきた〝板垣師団〟の勢力は相当なものので、板垣側近筋は「7―3で原田派よりも強い」と豪語していた。

保守陣営もまた〝板垣支援〟が大勢となっていた。

ある日突然、渦中の中島が口を開く。

「自分は板垣氏と張り合って市長選に出る気は毛頭ない。たとえ指名されたとしても出ない。自分としては早く辞退声明を出したかったが、いろいろな方面からお前は黙っていろと、箝口令を敷かれていた。しかし、自分が黙っていることで、ほうぼうに迷惑がかかっても困る」と。

中島の辞退宣言で、原田後継はようやく板垣に落ち着いたのだった。

地崎・堂垣内・板垣「いく代3人会」

板垣武四は1916年（大正5年）上川郡和寒町生まれ。小学校のとき札幌に移る。

山鼻小、札幌一中（現・札幌南高）、旧制第一高等学校、東京帝国大学法学部卒業。三菱電機入社。1946年（昭和21年）札幌市役所勤務。

1971年（昭和46年）に市長となり、実に5期20年の長期政権を維持した。

この間、地下鉄が開通し、政令指定都市へ移行している。区制を敷き、全区に区役所をつくり、1区1体育館、1区1図書館などハコものがどんどんできた。オリンピックで札幌の都市基盤の整備は20年先取りしたといわれたが、折しも時代は高度成長期の真っただ中。板垣時代はまさにその恩恵をモロに受けた〝よき時代〟だった。

札幌が一番伸びた時期だった。

板垣はまた冬季ユニバーシアード、パシフィック・ミュージック・フェスティバルなどスポーツ、文化面でも多くの功績を残した。

市長の板垣と同時に知事になった堂垣内尚弘（北海道帝国大学工学部卒）は、札幌一中の2年先輩。

もともと「堂さん」「板さん」と呼び合う親密な仲だったが、知事と市長、あるいは選挙を通じても終始緊密な関係を続けた。

最初の選挙のとき約半年かけて、札幌市内に町内会単位で一緒に「堂垣内・板垣後援会」を約90カ所つくった。堂垣内が全道を回っているときに、板垣は堂垣内夫人とともに土曜も日曜もなく、後援会づくりに市内を歩いた。

堂垣内、板垣の、地元の大きな政治的後ろ盾が地崎宇三郎だった。

「地崎さん、堂垣内さん、板垣さんは、『3人会』と称して、折にふれ会食をしていた。3人とも楽しみにして、その前後には予定は入れないでリラックスしていた。場所は割烹『いく代』と決まっていた」（市役所OB）

1983年（昭和58年）の選挙の1年ほど前

堂垣内尚弘氏

地崎宇三郎氏

にこんなことがあった。

3期でやめることを表明していた堂垣内が、板垣に会うたびに「俺はもうやめるけれど、お前はもう1回やらなきゃだめだ」と。

堂垣内は副知事だった三上顕一郎を後継指名していたが、板垣が4選して「選挙に弱い三上を札幌で抱えてほしい」というわけだ。

板垣はずっと断っていたが、ある日、堂垣内からゴルフの誘いがあった。一緒に回るのは北海道新聞社社長の上関敏夫だった。ここで堂垣内と上関からこんこんと説得され、板垣は4選の腹を固めたのだという。

田中角栄と板垣、上関の〝知られざる関係〟

世間にはあまり知られてはいないが、実は田中角栄と板垣、上関の３人もまたきわめて親密なつき合いがあった。

道新の上関は若いころ〝田中角栄番〟をやっていた。また板垣のルーツが新潟だったことから、田中との関係が深まった。

当時、自民党幹事長として飛ぶ鳥を落とす勢いだった田中角栄。田中が札幌にきたときは、接待のホスト役はきまって板垣が務めた。

田中が総理になってからも突然〝おしのび〟で札幌にきて、板垣、上関と一緒にゴルフをしたこともあった。

1971年（昭和46年）に地下鉄南北線が完成したが、板垣は2期目の1975年（昭和50年）選挙で東西線実現を公約した。しかし運輸省は「南北線ができたばかりだ」と、運輸大臣・橋本登美三郎以下、事務次官も鉄道局長も東西線には絶対反対だった。

市の交通事業管理者の大刀豊はギブアップ。最後は板垣が乗り出して大臣の橋本にかけあった。大臣は「だめだ」とバシっとひと言。

ガックリした板垣は帰り道、思い切って総理官邸に電話を入れると10分だけ時間をとってくれた。行くと、田中が「なんだい板垣さん、突然。どうしたんだね」

かくかくしかじか、東西線の件で頭を下げる板垣。聞き終わるか終わらないうちに、田中が秘書官に「おい橋本登美三郎を（電話に）出せ」

「おい橋本、いま札幌の板垣さんがきてるけど、あれ認めてやれ。札幌の地下鉄は俺がつくったんだ」

次の日、運輸省からＯＫが出る。頭越しのやり方に対して、さんざん嫌みをいわれたが、決まってしまえばこっちのものだった。

田中角栄と板垣の知られざる関係。地下鉄東西線にまつわる秘話である。

ここで田中が「札幌の地下鉄は俺がつくったんだ」と言っているのは、次のような理由からである。

田中角栄氏

総理になる前の通商産業大臣時代に、田中が『財界さっぽろ』の対談（１９７２年５月号）に登場し、そのあたりの事情をこう述べている。

「札幌の冬季オリンピック、去年の大阪の万博、その前の東京オリンピック、昭和51年には沖縄

上関敏夫氏

海洋博。ここらでやっぱり日本に対する戦前のイメージというのは完全にチェンジされるね。特に札幌のこんどの設備はなかなかよかった。国際的にもそん色ないし、外国の選手にも非常に評判がよかったようだ」

「それに日本はジャンプ（70メートル級）で金、銀、銅も獲得できたし、あのあと笠谷に90メートルも、もう一つというのは、ちょっと今度の野党の国会修正の要求みたいなもので（笑）、これはまあいいところじゃないですか。オリンピックのおかげで札幌はずいぶん整備されて立派になったね」

「オリンピック関連予算では、私は箕輪登君（衆院1区代議士、田中派）に相当強引な要求を突きつけられ、この予算をつけないと親分、子分の縁を切るなどとおどかされたもんですよ。それで札幌の地下鉄は私が踏み切ったんですよ。いまから考えると非常にいいことでした」と。

めざましい発展を続ける札幌市政。選挙には無類の強さを誇った板垣は、4選からさらに5選に挑むことになる。

5選に際しては、板垣直系だった助役・河崎和夫とのあつれきが生じ、板垣人脈も大きく割れていく。

第3章

あわや「板垣武四vs河崎和夫」の分裂選挙に……

3期でやめて筆頭助役の平瀬徹也にバトンを渡すつもりの板垣武四だったが、平瀬は「選挙は嫌い」の一点張り。4期目には「板垣5選」か「河崎筆頭助役出馬」かで、庁内は大揺れに揺れた。

入庁10年で助役就任のスピード出世

1946年（昭和21年）、30歳で札幌市役所に入った板垣武四。秘書課長、総務課長、経済部長、総務部長と、あれよあれよという間にエリートコースをかけ上がり、1956年（昭和31年）には40歳の若さで助役に抜てきされている。

高田富与市政3期目の2年目のことだった。第1助役が原田与作、板垣が第2

助役である。市役所に入ってたったの10年だ。

高田から原田へ、そして原田から板垣への政権移譲劇の裏舞台は、すでに述べた。

この間、板垣は助役を4期やっている。正確にいえば、高田市政3期目の2年目（1956年5月）に就任。原田市政3期目の途中（1970年11月）までの14年6カ月間だ。

途中でやめているのは市長選の準備のためである。

その板垣が1971年（昭和46年）晴れて市長に当選、5期20年最高権力者の座に君臨した。

その間、板垣を支えた助役・収入役・教育長・交通事業管理者・水道事業管理者といった特別職の顔ぶれは次の通り。

■助役

小塩進作、平瀬徹也、赤井醇、河崎和夫、神戸隆一、桂信雄、蒲谷亮一、勝田義孝、杉本拓、木戸喜一郎

■収入役

赤井醇、百川孝平、三津原卓彌、栃内健男、神戸隆一、津坂俊一、朝倉賢、藤井憲次

■教育長

高橋喜敬、中村勝美、河崎和夫、桂信雄、遠藤高志、村松郁夫、荒井徹

■交通事業管理者

大刀豊、（渡辺綱瑳久、山岡瞭）、郷頭茂、津坂俊一、堀北朋雄、秋山忠禧、長部幸一

■水道事業管理者

黒地政美、（渡辺綱瑳久、山岡瞭）、永井勝、岡本茂之、川口一、尾崎行俊、藤井憲次、出木岡謙三

神戸隆一氏

小塩進作氏

桂信雄氏

平瀬徹也氏

蒲谷亮一氏

赤井醇氏

勝田義孝氏

河崎和夫氏

杉本拓氏

木戸喜一郎氏

堀北朋雄氏

大刀豊氏

なお渡辺綱瑳久と山岡瞭の2人のときは「公営企業管理者」として、1人で交通事業と水道事業の両方を管理している。

板垣初人事に議会筋からブーイング

2期目以降「選挙に強い」ことでは定評のあった板垣だが、最初の選挙は「写真判定の僅差の勝利」と報じられたように、辛くも勝ちを拾った選挙だった。

55歳の板垣（自民党推薦）に対して、相手は64歳と高齢で、知名度も低く、立候補が決まって1カ月そこそこで告示を迎えた大内基だった。大内は元北海道新聞函館支社長で、選挙では社会党と共産党が推薦した。

結果は、板垣23万1376票、大内22万3944票。その差わずか7432票。

順風満帆のエリートコースを歩み、満を持して市長選に臨んだ板垣にすれば、敗北に近い屈辱的な結果であった。

「一生懸命仕事をしていれば市民は必ず見てくれていると思ったが、結果は違った」と選挙の怖さを思

地下2階、地上19階建ての現・札幌市役所庁舎はオリンピックの前年の1971年（昭和46年）に竣工した

い知った板垣。以来、エリート板垣は「東大出の冷たい能吏」というイメージをやわらげ、いつもニコニコのソフト板垣に変身。町内会組織を軸に盤石の選挙基盤を築き上げたことはよく知られている。

さて市長の座に就いた板垣は、原田時代から助役だった盟友の小塩進作を第1助役として留任させて、総務局長だった平瀬徹也を第2助役に、水道局長だった赤井醇を収入役に起用した。

ところが市長になって最初のこの人事に、大きなブーイングが出た。

「24年にわたる高田＝原田市政に市民はアキアキした。何かこのへんで人心を一新した目新しい市政を強く希望した。板垣ではしょせん高田＝原田市長のやり残した仕事を引き継ぐだけで新鮮みがない。だからあんな選挙結果になったんだ。そんな危ない橋を渡ってやっと確保した板垣市政の、最初の人事が小塩助役留任では誰もがガッカリする。24年にわたるマンネリ人事をなぜ打破できなかったのか」（自民党中堅議員）というのだ。

わずか7カ月で収入役から助役へ

議員の中には市長提案の人事を拒否しようという動きも出た。とくに公明党は真っ向から市長提案に反対ののろしを上げ、「100万都市の札幌市は第3助役をおくべきだ」と打ち出したのだ。

議会筋の考えていた助役人事は、第1助役が平瀬、第2助役が赤井だった。どうしても小塩が必要なら小塩、平瀬、赤井の3助役体制でもいいということだ。

「板垣と小塩は札幌一中時代の同級生。市役所にも一緒に入った無二の親友。市民には、やっぱり板垣＝小塩のくされ縁を切れないのかという感じを持たせる。助役昇格が常識とされている赤井を収入役にしたのはまずい」という痛烈な意見も出た。

終戦後、妻子と別れ、満子とかけおち同然に神戸から札幌へ戻った板垣は、親戚からも歓迎されず、一中同期の小塩の家に転がりこんでいる。小塩には頭があがらない関係、くされ縁というわけである。

１９７１年（昭和46年）５月に市長になって、赤井を収入役に起用した板垣は、こうした世論攻勢を受けて、わずか７カ月後の12月に赤井を助役に昇格させ、小塩、平瀬、赤井の３助役体制となった。

小塩は１９７３年（昭和48年）５月に退任。以後、助役は平瀬、赤井の２人。赤井は２期７年６カ月、平瀬は３期12年間、助役を務めた。

赤井の後任助役には河崎和夫が昇格。平瀬、河崎2助役となり、1983年（昭和58年）5月に平瀬が退任した後は、河崎、神戸隆一、桂信雄の〝3K体制〟となった。

平瀬、河崎、神戸、桂の4人はいずれも巷間、板垣後継に擬され、権力継承をめぐるさまざまな人間ドラマが繰り広げられた。

赤井醇、渡辺綱瑳久が突然辞表を……

2期目の半ば、1976年（昭和51年）末、板垣がまたまた〝赤井の人事〟で悩まされる事態が生じた。

助役の赤井と、公営企業管理者（交通・水道事業管理者）の渡辺が辞表を出したのだ。

１９７６年（昭和51年）11月で満60歳を迎えた赤井が『特別職は60歳が定年』という不文律に従って「どうしてもやめさせてほしい」というのだ。「いまやめられては困る。せめて任期いっぱいは」と板垣。「不文律を破れば庁内の職員、管理職に申し訳ない」と頑として首をタテにふらない赤井。

赤井は板垣と同じ１９１６年（大正５年）生まれ。札幌一中、北大土木専卒。樺太で軍隊生活。戦後の１９４９年（昭和24年）に市役所に入り、都市計画課長、建設部長、建設局長、水道事業管理者、収入役などを経て助役に。

ドロかぶりをいとわず、筋の通らぬことは市長といえども体を張って〝ご意見番〟の役割を果たす骨っぽい赤井。部下の面倒見がよく「赤井さんのためなら」という子分がたくさんいた。議会にも超党派で受けが良かった。

赤井が収入役になったとき、大変なブーイングが出たのは前述の通りだ。

この年に市では管理職57歳定年制を打ち出した。

赤井は「私は板垣市長が誕生したとき辞表を出したが認められず、逆に助役になれといわれた。断ったが、どうしてもというので引き受けた。市長が再選されたときも辞表を出したが聞き入れてもらえなかった。57歳でやめた管理職が今年で49人もいる。あと2年たつと残る50人も全部やめる。その人たちの心情を察すると、60歳を超えたものがオメオメと助役でおさまっているわけにはいかない」として、自分の後継助役には公営事業管理者の渡辺を強く推していた。

ところがその渡辺は1年前に、57歳定年説が出るや、いち早く辞表を提出、慰留された経緯があった。だからこのときも赤井と同時に辞表を出していた。

渡辺は軍人気質が抜けきれぬ生一本の人。筋の通らぬことは断じて許さぬ剛毅な気性で、性格の似ている平瀬とは合わないと噂されていた。また、板垣2選目のとき、市労連が渡辺を板垣の対抗馬に担ぎ出そうとしたことがあって、板垣もまた渡辺には含むところがあったのだろう。

板垣には渡辺を助役に起用する気持ちはなかった。

結局、渡辺は辞任し、赤井は説得されてさらに2年助役を務めた。

板垣、赤井と同年輩だった交通事業管理者の大刀豊は、全国初のゴムタイヤの地下鉄を実現。「札幌地下鉄の父」として誰もが認める大実力者にのしあがっていた。北大農学部卒。42歳の若さで交通局長となり、退職までの19年間、交通局のトップを務めた。

大物の大刀にも当然助役説が出た。

だが板垣は「いまさら大刀を3人の中の1人の助役にするのはかわいそうだ。

交通事業管理者は1人しかいない。大刀は札幌市の交通市長だ」としていた。大刀もまた後輩が助役になっても、自分が助役になりたいなどという態度はいっさい見せなかった。

〝ポスト板垣〟を断った平瀬徹也

1979年（昭和54年）、対抗馬の岡田義雄に24万票という大差で圧勝、3選を果たした直後、板垣は平瀬を呼んで、2時間にわたって次のような話をした。

「自分は3期でやめる。3期目も助役として支えてほしい。そしてその後の〝ポスト板垣〟も引き受けてほしい」と。

かつて板垣、平瀬が仕えた高田富与はいつも「板垣の後（の市長）は平瀬だ」

と語っていた。板垣もまた、東大の後輩で、かわいい弟分の平瀬にバトンを渡すつもりで長年コンビを組んできた。ところが平瀬は〝助役と市長〟のどちらもお断りという強い姿勢。

「それだけは勘弁してほしい。私には私の人生哲学がある。私に市長をやれというのなら助役も辞退させていただきたい。立っているものなら電信柱、動くものなら犬の尻尾でも頭を下げなければならない選挙は私の性格に合わない」

板垣・平瀬会談は２度、３度にわたったが、最後は平瀬夫妻が市長公邸にきて畳に額をすりつけて断り、板垣もサジを投げたといわれる。後に平瀬には衆院１区の地崎宇三郎後継の話もきたが、これもあっさりと断っている。

前にも触れたが、３期でやめるつもりの板垣だったが、知事の堂垣内尚弘と道新社長の上関敏夫に説得され、４選にのぞんだ。

4期目の助役は河崎、神戸、桂の〝3K体制〟。3人とも北大法卒。板垣は3Kを軸に後継者を選ぶつもりだった。巷間、野人タイプの交通事業管理者・堀北朋雄の名前や、副知事・中川利若説も流れた。

3Kの中では神戸も桂もやる気はまったくない。

1人河崎が板垣後継に意欲を示した。保守陣営だけでなく公明党、道同盟など中道勢力にも広く支持が広がっていた。また若手経済人が「河の会」をつくって河崎擁立に動き出した。だが、一方では庁内にもアンチ河崎勢力ができ、板垣5選論も強まった。一時はデマ、中傷の怪文書が飛び交い、泥仕合の様相を呈し、あわや「板垣vs河崎」の分裂選挙かという局面にまで至った。

だが、最後は「板垣市長が5選をやるのなら私は出ない」と河崎が降りて一件落着。1987年（昭和62年）5月、板垣は5選を果たしている。

第４章

後継・桂信雄に板垣武四の周到なシナリオ

5期20年という長期政権を続けた「板垣天皇」は、後継者に筆頭助役の桂信雄を指名。尻込みする桂のために板垣は周到な根回しの末、市長選で「自民・社会・公明・民社」相乗り体制をつくった。

板垣武四と横路孝弘の〝地下水脈〟

1971年(昭和46年)、自信満々でのぞんだ初陣がわずか7432票差の、まさに薄氷を踏む思いのハラハラ当選。

選挙の怖さを思い知った板垣は、町内会に根を張った盤石の後援会組織を構築、2選目からは圧倒的な強さを見せつけた。

2選から5選までの結果は次の通り。

◇1975年（昭和50年）
板垣武四　41万4884票
川村　琢　21万7024票
◇1979年（昭和54年）
板垣武四　45万8194票
岡田義雄　21万7238票
◇1983年（昭和58年）
板垣武四　59万9716票
阿部昭一　16万9209票
◇1987年（昭和62年）
板垣武四　51万6883票

田村正敏　16万9459票
中神凡夫　8万2592票

実は3選のとき、革新陣営は札幌市政奪取のため、「社会党のプリンス」と称された衆議院議員、当時38歳の横路孝弘をかつぎ出そうとした。だが横路はかたくなにこれを拒み、擁立は失敗した。

市長選出馬要請を断固はねのけたため、横路はその後の衆院選で、全道労協、地区労、社会党道本から無謀とも思われる、いやがらせ的な組織割り（小林恒人75―横路25）をされた。

にもかかわらず横路は全国一の大量得票をして4選を飾っている。

歴史に「ｉｆ」はないが、もし横路が市長選に出馬していれば板垣も吹っ飛んだかもしれない。

板垣と横路は、政治的には保守、革新と対立する関係にあったが、実はこの2人の間には表向きとは違う〝地下水脈〟があり、ひそかに気脈を通じる仲でもあった。

というのは、2人は東大の先輩後輩で、板垣は横路をなにかとかわいがったし、横路も板垣を立てた。

横路孝弘氏

それればかりではない。

当時、横路の選挙区は中選挙区制時代の衆院1区だったが、自宅のある札幌・大通地区は文字通りの足元であった。

そこの連合町内会会長をつとめていたのが、大物市議として鳴らした石原通孝だった。その石原が大通地区で「板垣・横路後援会」をつくり、衆院選では横路をやり、市長選では板垣をやっていたのだ。

そんなこともあって党派は違っても板垣、横路が激しく対立することはなかった。ちなみに石原の子息が、桂市政で助役をつとめた石原弘之である。

“ポスト赤井”に河崎和夫を抜てき

組織掌握の要諦は「人事」である。

板垣市政2期目の半ば、1976年（昭和51年）末に、第2助役の赤井醇と公営企業管理者の渡辺綱瑳久の2人が突然辞表を出したひと幕は前に触れた通りである。

結局、赤井は説得されて板垣2期満了時まで助役をつとめた。

したがって板垣1期目の前半2年間は、第1助役小塩進作、第2助役平瀬徹也、第3助役赤井醇の3助役体制。

1973年（昭和48年）5月に小塩が退任、平瀬、赤井の2助役体制に戻った。

平瀬は東大法卒。終戦時は北千島の占守島でソ連上陸軍を迎え撃った陸軍歩兵見習士官あがり。

戦後、市役所に入った板垣が「東大の後輩で、千歳の進駐軍相手に通訳のアルバイトをしている男がいる」として連れてきたのが平瀬だ。

公選の初代札幌市長だった高田富与は「板垣はいずれ市長になる。板垣の後は平瀬だ」と、板垣・平瀬コンビに目をかけたことは有名だった。

平瀬はシベリア抑留の辛酸をなめただけに腹が据わっており、行政能力も抜群。

板垣市長誕生と同時に助役になり、板垣市政の人事、予算を掌握。

板垣が対外的会合に引っ張り回されて留守がちの庁内をがっちり押さえ、〝陰の実力者〟として実質的に市政を牛耳っていた。

1979年（昭和54年）の春先。板垣3選が確実視される中で、庁内外で〝助役ダービー〟に耳目が集まった。

平瀬は板垣3期目も留任すると見られていたが、赤井の勇退が確実視されていたことから、〝ポスト赤井〟が話題になったのだ。

序列からいけば、赤井が水道事業管理者から助役に繰り上がったように、企業管理者で特別職ナンバー4のポジションにあった山岡瞭が有力視された。

海軍兵学校在学中に終戦となり、復員して市役所入りした山岡。原田市長時代に秘書室長、総務局長などを歴任。板垣2期目に交通局長を経て特別職の一角にすべりこんでいた。

ところが「板垣さんは山岡さんをあまり好きではないらしい。山岡さんの鼻ひげが気にくわないのではないか」といった説もまことしやかに流れていた。

「板垣さんは3選でピリオドを打つだろうから、あと4年間のうちに次にバトンタッチする人材を今から助役にすえて育成すべきだ」との声も出ていた。

本命の山岡のほかには、教育長の河崎和夫の名前が俎上にあがっていた。

河崎は山岡と同じ1927年（昭和2年）生まれだが、市役所入りは山岡より3年あとで、1949年（昭和24年）に交通局に採用されている。1953年（昭和28年）に北大法学部を出ているから、市の職員のまま北大に通っていたことになる。

山岡瞭氏

一家の生活のため炭鉱労働もやったことのある河崎。そんな苦学生の河崎に、職場の先輩、同僚たちが「ほら、早く授業に行っておいで」と配慮してくれた。いまでは考えられないが、そんなおおらかな時代だった。

庁内では「体は細いが北教組を向こうに回して一歩も引かない。見かけによらずキモが据わった男」と評された河崎。財政部長をやったあと、民生、厚生、総務の各局長をわずか1年ずつ〝ホップ・ステップ・ジャンプ〟して教育長になっていた。

〝花の28年組〟を野人・堀北朋雄が急追

ポスト赤井の助役レースは河崎に軍配があがった。

1979年（昭和54年）、3選した板垣は平瀬を続投させる一方、赤井の後任助役に教育長だった河崎を起用。当初有力視されていた山岡は公営企業管理者のまま据え置かれた。

河崎のあとの教育長には桂信雄が就任した。

企画調整局長だった桂は北大法卒。総務局長の津坂俊一、市民局長から桂のあとの企画調整局長に回った神戸隆一も同じ北大法卒の１９５３年（昭和28年）入庁組。桂、神戸は１９３０年（昭和５年）生まれで、津坂は年が１つ上である。

この３人、庁内スズメの間では〝花の28年組〟と称され、早くから将来の助役候補・市長候補と囃されていた。

ちなみに河崎も１９５３年（昭和28年）に北大を卒業。市役所では28年採用組と位置づけられていたが、年齢は〝花の28年３人組〟より上だった。

津坂俊一氏

津坂は職員部長、厚生局長、中央区長から総務局長となった。人事管理部門の経験が深く「28年組の中ではいちばん腹が据わっている」と評された。板垣3期の途中で交通事業管理者となり、その後、収入役に。

桂は市街地開発部長、北区長、企画調整局長を経て教育長になった。桂の仲人は平瀬で、板垣の信頼も厚かった。板垣4期スタート時の助役に就任。

神戸は社会部長、白石区長、市民局長、企画調整局長を経て板垣3期の途中で収入役、4期スタートと同時に桂と一緒に助役に。

神戸の夫人は板垣の姪だったため「神戸は市長のメンコ。だから白いメシしか食ったことがないんだ」といったやっかみ、ひがみの声がつきまとった。

当時、〝花の28年組〟を急追、メキメキ頭角をあらわしていたのが、47歳という最年少で局長（経済局長）になった堀北朋雄。

北大組がズラリと並ぶ局長クラスの中にあって、中央大法卒で、ただ一人気を吐いていた。

堀北は原田市政で市長秘書から秘書課長をつとめた。原田市長の旗本だったということから、板垣市政に代わってからは冷や飯を食わされ、中央区総務部長などに回されていた。

それが１９７３年（昭和48年）、中央卸売市場長になってから、うるさい青果鮮魚業界をピタリと押さえ、板垣２期選挙にも貢献。１９７７年（昭和52年）に経済局長の重要ポストを与えられたもの。太っ腹、野人肌でズバズバものを言いながらも協調性に富み、硬軟縦横で対外的な受けもよかった。

板垣４選後、堀北は津坂のあとの交通事業管理者に就任したが、河崎や〝花の28年組〟とともに、〝ポスト板垣〟の有力候補の一人として取りざたされた。

桂の初陣は「自社公民」相乗り選挙

権力者というものは、なかなかその座を譲りたがらないものだ。「今期限りでやめる」と口に出した瞬間に威令がおこなわれなくなり、組織がゆるむからだ。だからギリギリまで態度を明かさないという権力特有の事情もある。態度を明らかにしなければ、周囲からは「もう1期、ぜひ」という声が出てくる。耳ざわりのいい言葉は心に残る。とりわけ権力者は阿諛追従《あゆついしょう》に弱い。

あれほど名市長といわれた高田富与も、4選論に心が揺れ、後継者の本命・原田与作にすんなりとバトンタッチせず、最後は〝怨念の指名劇〟となった。

高田に悩まされたその原田もまた4選に色気をみせて、後継者の本命・板垣武四をカリカリさせた。

その点、板垣の場合は必ずしも市長の座にしがみついたわけではなかったが、結果として4選せざるを得ない環境になった。

現に3選を果たした直後に板垣は盟友の平瀬を呼び、「私は3期でやめる。3期目も助役として支えてほしい。そしてその後の〝ポスト板垣〟を引き受けてほしい」と2時間にわたって説得している。

ところが当の平瀬が「私は選挙が嫌い」とかたくなにこれを拒んだことは前に述べた。

平瀬がやらないとなると庁内には〝ポスト板垣〟がいない。河崎にしても〝花の28年組〟にしても、また堀北にしても、平瀬からみると横綱と小結か前頭筆頭ぐらいの開きがあった。平瀬があまりにも大物すぎて、これら若手群像が市長候補として浮上するのは「次の次」とされていたからだ。

だから保守陣営には板垣4選論が高まった。堂垣内尚弘が後継知事候補の三上顕一郎のために、板垣に「なんとしてももう1回（4選）やって、選挙に弱い三上を札幌で抱えてほしい」と再三にわたって懇請していた事情もあった。

さて4選を果たし、板垣は文字通り「板垣天皇」となった。前に述べたが、河崎が〝ポスト板垣〟に意欲を示す一方で、板垣5選論が高まった。あわや「板垣vs河崎」の分裂選挙か、という状況にもなったが、最後は河崎が「板垣市長が5選をやるのなら私は出ない」でチョン。

5選した板垣は、後継者を桂に絞り込む。

早くから〝ポスト板垣〟候補の一人にあげられてきた桂だったが、きまじめ一本、権力に野心を燃やすタイプではなく、その上、選挙が大嫌いときている。桂ばかりか桂夫人も選挙嫌い。そんなわけで桂は後継問題に終始尻込みをしていた。市長になってからさえ桂は「なりたくてなったわけではない」と口にすることがあった。

だから保守陣営には「桂で勝てるのか」といった空気もあり、板垣6選論を口にする者まであった。

板垣は、後継を桂に決めたあと、右にも左にも周到な根回しをかけ、桂の選挙を自民党・社会党（現・民進党）・公明党・民社党の相乗りに持ち込んだ。板垣の親心だった。相手は共産党候補だけ。1991年（平成3年）、桂は楽勝で初陣を飾ったのだった。

第5章

後継者を決めなかった桂信雄、市長選挙は大混乱に

権力の座を追い求めた高田富与、原田与作、板垣武四ら歴代市長と違って、桂信雄はきまじめ、実直な行政マンだった。その桂が後継者を決めず、結果、市長選挙は前代未聞の大乱戦となった。

板垣時代のツケがズッシリと肩に

桂信雄が初陣をかざって市長に就任したのが1991年（平成3年）5月。板垣市政5期目の途中から助役になっていた杉本拓と木戸喜一郎の2人を、市長になった桂はそのまま続投させ、新たに建設局長だった魚住昌也を助役に起用した。

筆頭助役・杉本拓、第2助役・木戸喜一郎、第3助役・魚住昌也。収入役・長部幸一。交通事業管理者・三海弘。水道事業管理者・石原弘之。教育長・荒井徹。
これが〝第1次桂内閣〟の特別職の面々だ。
ちなみに桂市政3期12年間の特別職経験者は次の通りである。

■助役
杉本拓、木戸喜一郎、魚住昌也、田中良明、石原弘之、大長記興、千葉瑞穂、福迫尚一郎、佐々木喜四、高橋賢治

■収入役
長部幸一、伊藤忠男、高橋登

■交通事業管理者
三海弘、土榮勝司、井原貴男、片桐政美

■水道事業管理者

桂信雄氏

石原弘之、小谷勝也、平賀吾、松見紀忠、瓜田一郎、牧野勝幸

■教育長

藤島積、千葉瑞穂、山恒雄、土橋信男、善養寺圭子

桂信雄は1930年（昭和5年）10月生まれ。北大法学部卒。1953年（昭和28年）市役所入庁。北区長、企画調整局長、教育長、助役などを経て市長に。3期12年を務め、2003年5月引退した。

前任板垣の5期20年間は、いわば高度成長時代のどまんなかで、好不況の波はあっても、基本的には日本経済の〝右肩上がり〟のトレンドは一貫して続いた。

ところが桂が市長になった1991年以降は、バブル経済が崩壊。

誰もが常識と思っていた右肩上がり経済が終わり、その後、景気の低迷がずっと続いてきたことは周知の通りである。

いわゆる〝失われた20年〟となったのである。

板垣時代の大盤振る舞いのツケが、財政に重くのしかかってきた。行政にとってはきわめて厳しく、かじ取りの難しい時代。

そんな中、桂は新しい都市経営基本方針を策定。行財政の改革にも積極的に取

杉本拓氏

大長記興氏

木戸喜一郎氏

千葉瑞穂氏

魚住昌也氏

福迫尚一郎氏

田中良明氏

佐々木喜四氏

石原弘之氏

高橋賢治氏

り組んだ。また、「環境」と「文化」に配慮したまちづくりを進めた。

清田区誕生による10区制への移行、札幌コンサートホール「キタラ」や札幌ドーム、コンベンションセンターのオープン、2002年FIFAワールドカップ開催、日本ハム誘致などを次々と実現。着実に〝世界のサッポロ〟としての位置づけを高めてきた功績は小さくない。

不評かった「僕は政治家じゃない」

高田富与、原田与作、板垣武四と、歴代の市長はみな若くして権力の座をめざした。頂点をきわめてからも権力掌握に意を用い、常に選挙を意識した。

助役時代は「冷たい能吏」と称された板垣も、市長になってからは、人が変わったように外に出ればいつもニコニコと愛想をふりまいた。

そういう意味では桂は権力志向ではなかったし、市長後継の話にも尻込みした。きまじめ、実直。けれんもはったりもない。どちらかというと地味なタイプ。パフォーマンスも苦手、選挙も嫌いだった。

政治性を求められる市長ポストに座ってからも、手堅い行政マンのイメージが先行した。

在任中、「僕はやりたくてなった市長じゃない」とか「僕は政治家じゃない」などと発言。誤解を受け、とかくの批判にさらされたこともあった。

そのあたりの事情について、引退直前、『財界さっぽろ』のインタビューに応じて桂は率直にこう語っている。

◇　　　◇

――桂さんは、ご夫婦して選挙が好きではなかったようで。

桂　なかなか選挙好きな人はいないですよ。僕も好きでなかった（笑）

――板垣武四前市長から、お前、次だよと言われたのはいつ頃ですか。

桂　板垣さんから、お前やれとはっきり言われたことは一度もなかった。大先輩の平瀬徹也さんだとか赤井醇さんに「お前、役所に入って役所にお世話になったんだから、役所のためにということを考えなくちゃいかんのだよ」と言われ、なんとなくやらなければならないのかなと思うようにしむけられた。

――気が重かった……

桂　そりゃそうですよ。性に合わないし（笑）

板垣さんからは、僕がそういう気持ちになってから、心構えとかいろんなことを言われました。

――どういうことを。

桂　もっと愛想良くしなければだめだよといったようなことです（笑）

――板垣さんは、どんな会合でもテープカットでも、こまめに出かけていって愛想をふりまいていた。

桂　板垣さんは連絡所なんかにも丹念に出かけましたよね。その点、お前はさっぱり顔を出さないなと（笑）

――桂さんの「やりたくてなった市長じゃない」という発言は、あまり評判がよろしくなかった。

桂　そうそう。それはね、僕はある意味では皮肉をこめて言ったつもりなんです。「僕は政治家じゃないんだよ」と言ったこともだいぶたたかれたけど、あれは「政治屋じゃないんだ」というつもりで言ったことです。

「なりたくてなったんじゃない」というのも、野心とかあこがれとかでなったんじゃなくて、義務感、使命感でなったんだという意味なんです。

やりたくてなる政治家っていますよ。そのためにずっと勉強して最終目標は政治家になるという人はいます。僕はそういうことをやってこなかったし、そういう目標も持っていなかった。市長になって次は国会議員を狙うといったような、そういうものではないという意味だった。

しかし誤解されることですから、言うべきではなかったかもしれない。

――パフォーマンスが足りないともいわれた。

桂　確かに選挙で選ばれる者はパフォーマンスも必要なことですよね。僕は苦手だった。苦手なことは外から見れば、取ってつけたようで、なにか格好悪いんだよね（笑）

それよりもなによりも札幌の財政的な弱さということが身にしみていましたから、財政力の弱いところで、とにかく間違いのないことをやっていかなければならないという一念でやってきました。

◇

◇

市長選の総与党体制に強まった批判

バブル崩壊、オウム事件、阪神淡路大震災……騒然たる世相。２期目の後半には北海道拓殖銀行の破綻という超弩級の激震にも見舞われた。環境は厳しかったが、こと選挙に関しては初戦も２選目も〝総与党体制〟で、相手は共産党だけの楽勝だった。

1991年の初戦は、

桂信雄　53万7738票

佐藤冨士夫　15万4669票

1995年の2選目は、

桂信雄　63万8905票

石井一美　14万6116票

一方では「選択肢が少ない」「行政と議会の癒着を招く」「議会のチェック機能が失われる」といった〝相乗り〟批判もまた高まった。

道政で横路革新知事が誕生。「札幌市は歴代ずっと助役が市長になってきた。外部から新しい血を入れるべきではないか」という声も少なくはなかった。

世論調査で〝相乗り〟反対は70%にも及んだが、3選目もまた〝総与党体制〟

となった。このときは共産党候補のほかに、社会党参議院議員だった中尾則幸が立起する波乱の選挙になった。

桂信雄　　45万2009票
中尾則幸　24万7922票
高橋重人　11万8297票

危なげなく3選を果たした桂だったが、無所属でこれといった支持団体もない中尾が24万票もとり、桂市政に対する批判票が目立つ選挙となった。

桂もそのことは強く意識していた。実は桂は2期目の後半に、当時の助役、魚住昌也、石原弘之、大長記興の3人を呼び、「自分は、3選立起はしない」と明言した上で、後継者を探すことを指示していたという。

条件は「札幌市は長い間、庁内からの市長が続いている。これに対する市民の不満は多い。第一義として庁外から候補を探すこと。どうしてもいない場合は庁内からでもやむを得ない」というものだった。

半年後、再び集められた3助役の口から有力候補の名前は出なかった。「市長は本音で3選しないと言っているのだろうか」との疑念が3助役の胸にわだかまっていた。しかも、当時庁内では〝次の市長候補〟として魚住、石原、大長の名前が囁かれており、それぞれが意識し合う3すくみ状態で、庁内一本化も無理な話だった。

「そんな状況をふまえて、3選を視野に桂市長が観測気球を上げたのだろう」との見方も出たが、「桂市長にはそんな政治センスはない。本気で2期で辞めようとして夫人にも伝え、選挙嫌いの夫人も喜んで公邸から私邸にせっせと荷物を運んでいた」との証言がある。

結局、候補が見当たらないという報告を踏まえ桂は3選にのぞんだものだった。

「当選者なし」で異例の出直し選挙に

3期目に入り、次期市長候補の話題がかまびすしくなった。かねて名前が上がっていた魚住、石原、大長のほかにも「桂市長は助役の千葉瑞穂、総務局長（後に助役）の佐々木喜四がお気に入りだ」との観測もあった。また「桂市長は後継指名をしない」という見方もすでに出ていた。

そんな中、選挙の1年前、道新が2002年7月16日付朝刊1面トップで『桂札幌市長4選不出馬　〝多選批判〟を考慮　後継者を外部から検討』と報じた。

概略、複数の市役所幹部、ＯＢらに対し、自らの引退を前提に後継候補選定に協力を求めたこと。後継の人物像については市役所内からの登用ではなく、外部からの候補を念頭に置いている――といった内容。

このときひそかに集められた面々は、佐々木喜四、高橋賢治の両助役、ＯＢは杉本拓、田中良明、魚住昌也、木戸喜一郎の元助役の６人だった。

助役経験者である石原弘之、大長記興の２人は、なぜかこの御前会議から外されていた。この２人は、もともと桂とは〝周波数〟が合わなかったのだ。

結局、幹部、ＯＢに協力を求めた後継者選びは不調に終わり、桂は後継者指名をしなかった。

結果、札幌市長選は前代未聞の大乱戦に突入する。

自民党の一部には、庁内から都市局長だった田中賢龍を擁立しようという動きもあったが、桂は乗らなかった。

選挙には、革新系弁護士の上田文雄、元参院議員の中尾則幸、札幌市議（自民党）の道見重信、秋山愛生舘元社長の秋山孝二、早稲田大学教授の坪井善明、札幌市議（市民ネット）の山口たか、共産党の佐藤宏和の7人が出馬。

結果は「当選人」に必要な法定投票数（有効投票の25％）に達した候補が1人もなく、異例の出直し選挙となったことは周知。

再選挙の結果は、

上田文雄　28万2170票
石崎岳　25万6173票
中尾則幸　12万6488票
青山慶二　1万2315票

上田が札幌市役所初の革新市長になってしばらくしてから、桂は札幌ドーム社長の座を追われ、権力転換を強く印象づけた。「桂さんは自分の手で後継者づくりをしなかったからこうなるんだ。自業自得だ」と、桂の周辺からため息がもれた。

第6章

〝再選挙〟の明暗分けた「道見重信」抱き込み作戦

覆水は盆に返らない。前例のない再選挙となった札幌市長選で、甘い見通しに立った自民党は、道見重信を敵陣に追いやり、連綿と続いてきた保守市政を失った。

有力候補の乱立で「当選者」なしに

桂信雄が3期12年で引退。〝ポスト桂〟を決める2003年（平成15年）4月13日の札幌市長選挙は、新人候補が乱立する大乱戦となった。

革新系弁護士の上田文雄、元民主党参院議員の中尾則幸、札幌市議（自民党）の道見重信、秋山愛生舘元社長の秋山孝二、早稲田大学教授の坪井善明、札幌市議（市民ネット）の山口たか、共産党の佐藤宏和の、実に7人もの候補が名乗りを上げたのだ。

結果は――

上田文雄　17万2512票

中尾則幸　16万8474票

道見重信　15万9787票

秋山孝二　9万7327票

坪井善明　7万6405票

山口たか　6万7785票

佐藤宏和　5万4126票

この選挙の有効投票数は79万6416票だったが、「当選人」に必要な法定投票数（有効投票の25％）19万9104票に達した候補が1人もいなかった。かく

坪井善明氏

上田文雄氏

山口たか氏

中尾則幸氏

佐藤宏和氏

道見重信氏

秋山孝二氏

して全国でも珍しい出直し再選挙となったことは前述のとおりである。

上田を擁立した民主・連合陣営。

元民主党参院議員の中尾は参院選落選後、民主党と袂を分かっており、無所属で立起。4年前の市長選では「保革オール与党」体制に支えられる柱に挑み、善戦していた。

対する自民党は当初、衆院選で落選、浪人中の石崎岳の擁立に動いた。しかし、札幌市支部連合会（札連）の候補選考作業が迷走したことから、石崎はさっさと降りてしまった。

その後、道見が自民党推薦候補となる。だが、道見同様に自民党に推薦を要請していた秋山、坪井も出馬。保守陣営は大きく3つに割れた。

保守陣営の候補選びは、経済人を中心としてつくられた「100人委員会」で進められていた。そもそも100人委員会は自民党の肝いりで発足したものだった。ところが途中から100人委員会と自民党の間に深い亀裂が入り、保守分裂となったものだ。

会議所、ＪＣ、市役所ＯＢも３分裂

応援団の顔ぶれは、札幌市ＯＢも３つに割れたし、商工会議所・ＪＣもまた３つに割れた。肩書はいずれも当時のものである。

自民党推薦候補ということで、道見には元知事の堂垣内尚弘や道建設業協会会長の伊藤義郎、道経済同友会代表幹事の大森義弘、道経営者協会会長の武井正直、道経済連合会会長の泉誠二、札幌商工会議所議員会長の坂尚謙ら、そうそうたる顔ぶれが顧問団に名前を連ねた。市役所ＯＢも、元助役・平瀬徹也、元収入役・津坂俊一、元助役・大長記興、元監査委員・島中貞夫らが。また、ＪＣ関係では加森観光社長・加森公人、土屋ホーム社長・土屋公三、粧連社長・西脇順二、日本都市設計社長・武部實、玄米酵素社長・岩崎輝明、国策社長・早坂有弘らがついた。

坪井陣営にも、ナシオ社長・名塩良一郎、ナカタ専務・中田輝夫、つばめ自動車社長・安斎允、札商副会頭・横山末雄、金井印刷社長・金井英明、旭鉄工社長・星野恭亮、寺岡ファシリティーズ社長・古野重幸、伊藤塗工部社長・伊藤清治ら、札商、ＪＣ関係者がズラリ。応援団の中でもとりわけ関係者の耳目を集めたのは杉本拓、魚住昌也の元助役２人が坪井支持に回ったことだった。このため「桂市長が信頼を寄せる2人の助役ＯＢが坪井支持に回ったということは、表には出ないが桂さんも坪井を支持しているということだろう」といった憶測が飛び交ったのだ。

秋山陣営には、北海道厚生連会長・武田弘道、アインファーマシーズ社長・大谷喜一、松井ビル社長・松井雄吉、札幌南高ＯＢの道観光連盟会長・我孫子健一、北海道振興社長・久末聖治。市役所ＯＢでは元企画調整局長・広畑民雄。

選挙の結果は前記の通りである。

共産・青山慶二が告示後に選挙戦を離脱

再選挙という異例の事態に各陣営が騒然となったことはいうまでもない。出るか、出ないか。出なければどこと組むのか、どこを取り込むのかといった思惑が錯綜、裏舞台では虚々実々の攻防が展開されていた。さまざまな憶測、怪情報も飛び交った。

上田、中尾は、はなから出馬のかまえだった。

一方、自民党のほうは、選挙が終わった直後、党本部幹事長の山崎拓が「1位、2位ならともかく、3位では……」と〝候補差し替え〟発言をしたと報じられた。「ヤマタクはそんなことは言っていないのに、自民党総務局長だった町村信孝がアレンジして流した。しかも町村は石崎岳擁立で動いている」という話が道見陣営に伝わる。

山崎拓氏

道見周辺の経済人たちは「ふざけるな町村。再選挙のカネも出すから、なんとしてもまた出ろ」とカンカン。さらに道見が勤めていた玄米酵素の社長・岩崎輝明に、町村が「道見を降ろしてほしい」と電話を入れたところ、それを岩

町村信孝氏

崎の横で道見本人が聞いており、自民党との関係はさらにこじれていった。

一方、民主党筋では、中尾周辺に「なんとか選挙から降りられないのか」とか「一生食える仕事を世話するから……」といったたぐいの、あの手この手のアプローチをおこなったのも事実だった。

しかし中尾はあくまでも出るかまえを崩さない。

自民党は結局、道見を引きずり降ろす形で石崎を立てた。

かくして再選挙は上田、中尾、石崎、それと共産党の青山慶二の4人の戦いとなった。

6月8日に投・開票がおこなわれた再選挙の結果は次のようになった。

上田文雄　28万2170票
石崎岳　25万6173票
中尾則幸　12万6488票
青山慶二　1万2315票

ちなみに青山は告示後の5月30日に突然、選挙戦からの撤退を表明、共産党は自主投票となった。

このため共産党支持層の4割は上田、3割が中尾に流れたとみられ、青山の戦線離脱は上田に思わぬ追い風となった。

石崎岳氏

決定打になった道見抱き込み作戦

選挙戦終盤には、秋山、山口も上田支持を打ち出していた。

投票1週間前の新聞各社の調査は、朝日が石崎42％、上田38・7％。毎日が石崎29％、上田22％。読売が石崎25％、上田20％。道新が上田32％、石崎28％と、道新以外はいずれも石崎が上回っていた。

息づまるような大接戦。

そんな選挙情勢の中で上田勝利を決定づけたのは、ギリギリの段階で上田陣営が自民党の道見を抱き込むことに成功したことだった。

前述のように町村と道見の間には大きな亀裂が入っていた。

自民党道連会長の佐藤静雄は「なんとしても関係を修復して道見を抱き込むべきだ。そのためには助役ポストを約束すれば道見ものむのではないか」という考えだった。

だが町村も札連会長の伊達忠一も、道見へのアプローチにはいまひとつ熱心ではなかった。

佐藤静雄氏

選挙の1カ月前の5月9日、石崎が道見と札幌グランドホテルでひそかに会い、選挙協力を求めた。

会談に立ち会った道見の関係者がさりげなく条件の話を持ち出すと、石崎は「町村さんに聞かないと……」の一点張りで話が進まない。2

荒井聰氏

度目、3度目の会談もモヤモヤしたまま。

道見はそのあとも「石崎は必ずまた頭を下げにくるだろう。そのときは俺も自民党員だ、石崎をやるしかないだろう」と周囲にもらしていた。ところがいくら待っても石崎はこない。

こうした状況をキャッチした日本防水総業社長の片山英男が、上田の選対本部長をつとめる荒井聰に「道見を抱き込むチャンスだ」とアドバイスした。片山は札幌南高で荒井の1年後輩で、荒井夫人とは同期生だ。

荒井はすぐ上田を道見事務所に走らせた。本選で戦った道見に会うなり上田は土下座して協力を求めたといわれる。上田の必死さが伝わる。このあとすぐ道見が上田支持を表明。メディアを大いににぎわせた。6月5日。投票のわずか3日前のことだ。

真偽のほどは定かではないが、「協力を得られるのなら、ポストでもなんでも、できることはやる」という裏約束めいたものも、道見と上田サイドにはあったと伝えられた。

戦いに敗れた後、石崎の有力後援者は「選対のおごりが敗因」とうめいた。「自民党は石崎を擁立した時点で勝ったような気になって、選対が最後までゆるんでいた。佐藤静雄が言うようになんとしても道見を抱き込んでおけば勝った選挙だった。勝てる選挙をみすみす落としてしまった」というのだ。

上田と石崎の票差は2万5997票。つまり1万3000票の〝行って来て〟で逆転する票差である。道見抱き込みが決定打となったことは間違いない。

サプライズ人事で1期目をスタート

上田の大逆転劇はまた札幌市に初の革新市政が誕生した瞬間でもあった。

高田富与から原田与作へ、原田から板垣武四へ、板垣から桂信雄へと、連綿と続いてきた保守市政にくさびが打たれた。

弁護士・市議から市長になった高田をのぞき、実に44年間にわたって「助役あがりの市長」が続いてきた札幌市。権力継承をめぐる数々のドラマもあくまでも市役所内部の〝コップの中の嵐〟だった。その流れも上田の登場で断絶した。

権力掌握の要諦は人事である。市役所に乗り込んだ上田の特別職人事、最初の組閣に内外の耳目が注がれたことは言をまたない。

庁内掌握をスムーズに進めるために、上田はまず助役の高橋賢治を留任させる考えだったといわれる。

高橋は民主党にも自民党にも人脈がある。そういう意味では少数与党で議会を乗り切らなければならない上田にとっては最適の人物といえた。

ところが高橋は頑として留任拒否の姿勢を崩さなかった。理由は「病気」だとされたが、関係者の間では「高橋さんは男気のあるタイプで『武士は二君に仕えず』という思いから留任を断ったのだろう」という見方も出ていた。

高橋留任が消えた後、特別職人事の要となったのが都市局長の田中賢龍だ。

市長選候補がまだはっきりしなかったとき、市労連では庁内候補として田中を担ぎだそうとしたことがあったし、自民党の中にも田中を擁立しようとする動きがあったほどの実力者。

田中賢龍氏

小沢正明氏

加藤啓世氏

中田博幸氏

生島典明氏

田中の助役起用が早い段階で決まった。これは誰もがうなずける順当な人事だったが、上田は庁内外をアッと言わせる〝サプライズ人事〟をやった。東京事務所長、広報部長などを経て北区長になっていた小沢正明を2階級特進させて助役に大抜てきしたのだ。小沢はその後、上田の懐刀として大番頭ぶりを発揮したことは周知。

上田はさらに新たな民間助役も考えていたといわれるが、意中の人物を口説ききれなかったという。結果、桂時代に民間助役として起用された福迫尚一郎を続投させ、福迫と田中賢龍、小沢正明の３助役で１期目がスタートしている。

第7章

市長・上田文雄と知事・高橋はるみ〝深い亀裂〟

自民・公明に推された高橋はるみ。民主・連合がかついだ上田文雄。支持基盤は敵対するが、ざっくばらんに語り合って、思いのほか息の合った２人だった。その２人に深い亀裂が入った。

３期12年で減らした借金８０００億円

十勝管内幕別町出身の上田文雄は、団塊世代どまんなかの１９４８年（昭和23年）生まれである。

帯広三条高校から中央大学法学部に進んだのが〝70年安保前夜〟の１９６８年（昭和43年）。まさにヘルメットとゲバ棒の時代であった。

「私は、かなり左のほうにいて多数派にはなれない学生時代を送ったので、まともな就職はできないだろうと思った。それで3年の終わり頃から、死にもの狂いで勉強をして司法試験に受かろうと、3カ年計画を立てた。結局3年以上かかりましたが」と上田。

横路孝弘と同じ道央法律事務所に所属。人権派弁護士として護憲・反戦・脱原発など、市民運動にも深くかかわってきた。

上田文雄氏

それだけに、市長として3期12年務めた上田は、市政運営でも「市民が主役のまちづくり。自分のまちのことは自分で責任を持つ」という〝市民自治〟を追い続けた。

上田は、高齢者の無料パスを有料化したり、ゴミの収集有料化にも踏み切っている。いずれも桂時代からなかなかできなかったテーマだっただけに、高い評価を得た。

ゴミ有料化で廃棄ごみはほぼ4割減った。結果、清掃工場の更新に必要な経費もざっと400億円近く節減されたという。

また、上田が一貫して財政健全化に力を注いだことも有名だ。

前半の8年間で、市の借金である市債残高を約4100億円も減額した。

3期目の4年間では700億円くらいしか減っていないが、これは本来、国が現金で渡さなければならないものを自治体に債券を発行させて、国が30年間で補填するという「臨時財政対策債」が3800億円もあったからだ。

したがって、臨財債の分を足せば、上田の3期12年の間に、実質的には約8000億円の借金を減らしたことになる。

上田の大きな功績といってさしつかえはない。

　このことで、市長選では本間奈々から「借金を減らすだけでなく、もっと公共事業に使うべきだ」と攻められ、大きな争点となったことは周知。

　こうした本間の発言に対して、上田は次のようにまっこうから反論した。

「総務省官僚だった本間さんが財政再建ということについて、どういう認識を持っているのか、首をかしげざるを得ない。人口構造の激変を目前にして、とても責任ある姿勢とは思えない」

「本間さんは、ほかのまちと比較して公共投資の仕方が違うなどと言っているが、なにを見てそんなことを言っているのか、理解に苦しむ」

　上田はまた、市発注事業の受注企業で働く労働者の賃金アップを目指し、労働者の賃金下限額を定める「公契約条例」に強い意欲を燃やしたが、「企業経営を圧迫する」とする経済界や自民党の抵抗で否決された。上田に無念の思いが残った。

市電のループ化でも経済界の抵抗にあったが、これは実現させている。札幌国際芸術祭を開催するなど、上田は芸術・文化に非常に力を入れたことでも知られる。

組織・人事を知らないのがマイナス

1期目の助役体制が「福迫尚一郎・田中賢龍・小沢正明」でスタートしたことは前章で述べたが、そのほかに上田の12年間を支えた副市長（2004年4月から「助役」の名称が「副市長」に変更）の顔ぶれは次のとおりである。

2005年、福迫が退任、後任副市長に加藤啓世が就任。

2007年、田中が退任、後任は中田博幸。

したがって、2期目の副市長は「小沢・加藤・中田」で発進したわけだ。

2009年、加藤が退任、生島典明が後任。

2011年、中田が退任、後任が渡部正行。

3期目は「小沢・生島・渡部」体制。

2012年には小沢が退任し、秋元克広が後任になった。

田中、加藤、中田らは4年で交代したが、市長の〝懐刀〟だった小沢は、1期目からずっと、実に9年間も副市長の座にあったことになる。

2013年には渡部が辞任したことから、後任に井上唯文が就任している。

2015年に退任した生島は6年間上田に仕えた。

上田が起用した副市長のうち、渡部以外はみなプロパーである。

渡部正行氏

井上唯文氏

渡部は医師で、道職員を退職した後、市の保健福祉局医務監になっていた。上田とはかつて〝横路勝手連〟で一緒だった仲間。上田の肝いり人事だったが、市役所経験の浅い渡部に、福祉行政の現場は大混乱をきたし、渡部は辞任に追い込まれてしまった。

「上田さんは外からきて役所に新風を吹き込んだことは間違いないが、一面ではやはり組織を知らない、人事を知らないというマイナスがあった。渡部人事の失敗はその典型だ」（市ＯＢ）といった見方は少なくない。

人事といえば、桂市長時代に、庁内エリート集団ともてはやされた「横の会」があった。

しかし、上田政権になってからは「横の会」メンバーとされた幹部たちは、次々と出世コースから外れ、やがて消えていった。

創価学会と急接近した上田のしたたか

護憲派弁護士の上田は、1期目から自衛隊のイラク派遣、日の丸・君が代問題などで持論を展開。新年互礼会での君が代斉唱を中止し、保守陣営、経済界の猛反発を招いた。

2003年の市長選は、保守が大分裂し、上田が勝ち上がったもの。だから「保守陣営、経済界が一本にまとまっていたら上田は勝てなかった」という見方が少なくなかった。

上田とすれば、保守陣営、経済界にいかにウイングを広げていくかが再選戦略の要となっていた。

そんな中、上田と創価学会の急接近が、世間をアッといわせる。

２００３年の出直し市長選では、自民・公明が石崎岳を擁立。選挙の上では創価学会と上田は敵対関係にあったからだ。

２００５年に、石狩市厚田の戸田記念墓地公園で開かれた創価学会恒例の観桜会に、なんと上田夫妻が出席。

さらに２００６年には上田が、東京・八王子の創価大学を訪問したのだ。

上田とのパイプ役になったのは、創価学会道長だった野村繁敏だといわれている。上田と野村は中央大学の同窓で、世代も同じということで気脈を通じる関係になったようだ。

上田はまた、2005年の新年セミナーの講師に北海道経営者協会会長だった武井正直を招き、経済界をうならせた。

武井は、石崎岳の後援会大幹部。市長選で上田と激しく戦った、いわば〝敵将〟だった。

この大胆な上田の一手に、敵方どころか身内の連合関係者から「なんで武井なんだ」と強い反発、批判も出たほどだった。

風間昶氏

新幹線誘致に消極的姿勢を示していた上田が、ある日突然、誘致積極派に転じ、これまた周囲を驚かせている。

この背景には、経済界首脳や、知事・高橋はるみ、新幹線に熱心だった公明党参院議員・風間祀らの働きかけがあったとされている。

経済界には「次は上田でもいいんじゃないか」といった空気が次第に広がっていった。

２００７年に再選した上田は、公明・学会系の中田博幸を副市長に起用した。選挙を意識した上田のしたたかな人事、と受け止める向きもあった。

予算編成に際しても、公明党の要望にはできるだけ配慮した。

自民党は当然ながら、終始、上田に冷ややかな視線を注いだ。

陳情で中央へ行っても、上田だけ一人、これみよがしに会議の場に入れてもらえなかったということもあった。

上田が、自民党・清和会の石崎岳に勝って市長になっただけに、その後、国政に復帰した石崎や、石崎の兄貴分だった町村信孝は〝上田憎し〟で、アンチ上田の急先鋒となっていたからだ。

そんな中、政権党の自民党パイプとして、上田は吉川貴盛を頼った。

上田と吉川の間をつないだのは、副市長だった小沢正明と自民党市議だった村松正海の2人だという。小沢は吉川の選挙区に住んでいるし、村松は吉川の選対幹部で、それぞれ長年の人間関係があった。

吉川貴盛氏

吉川以外では、自民党参議の橋本聖子も冬季五輪・パラリンピック誘致のことで、いろいろと上田の相談にのっていた。

経済界を中心とした保守層や公明・学会への接近など、つねに選挙を意識してきた上田だが、選挙という意味では、野党の共産党が候補を立てなかったこともまた、上田に非常に有利に働いた。

最初の選挙の再選挙のとき、共産党は青山慶二を擁立していたが、告示後に突然、選挙戦からの撤退を宣言し、自主投票にした。結果、かなりの共産票が上田に流れたことは、前述したとおりである。

上田の2選、3選では共産党は最初から候補擁立を見送り、自主投票にしている。共産票は自民党候補（清治真人、本間奈々）には流れないから、上田には大変な追い風となったことは言をまたない。

上田は「護憲・反戦・反原発」が信条だから、共産党としても波長が合うのだろう。上田もまた議会答弁などで、共産党からどんな質問が出されても、自分の主義主張を通し、決して手抜きせずいつもきちんと答弁していた。

町村信孝が死去。2016年4月に衆院5区補選がおこなわれた。

このとき、上田が市民団体「戦争をさせない北海道をつくる市民の会」をつくり、共産党が擁立する予定の橋本美香を降ろして、池田真紀を野党統一候補にする方向で、民主党、共産党などに働きかけて、実現させたことは周知。

結果は、自民党・和田義明の勝ちとなったが、全国注視の大接戦となって、大きな話題をふりまき、その後の参院選での野党統一候補につながっていった。

もっとフランクにたびたび会いたい

知事と札幌市長——北海道を代表する行政トップ同士は、いろんなイベントでよく顔を合わせるが、膝詰めでじっくり話し合う機会は意外に少ない。

かつて、知事が堂垣内尚弘、市長が板垣武四のとき、道と札幌市はきわめて緊密な関係をつくった。

札幌一中（現・札幌南高校）の先輩、後輩で「堂さん」「板さん」と呼び合う仲。政治的にも同じ保守系とあって、トップ同士、気心の知れた間柄だったからだ。

以後、札幌市と道がこのときほど緊密な関係になったことはない。

上田と知事・高橋とは２００３年初当選のいわば同期生。だが自民・公明がバックの保守系の高橋と、民主・連合の革新系の上田は、政治的には敵対する関係だった。

ところが、この２人、双方ざっくばらんな性格で、思いのほか息が合った。だから、市と道の関係もいたって良好に推移した時期もあったのだ。

しかし、その後、２人の関係に深い亀裂が入る。大人だから表向きは取りつくろっていたが、腹の中では激しく反目し合う関係になったのだ。

何があったのか。

2人が当選してから1年半ほどたった2004年暮れに『財界さっぽろ』が2人の〝ビッグ対談〟（2005年新年号掲載）を企画した。

2人とも大乗り気で道州制、観光、環境保護、食の安全などをテーマに、熱っぽい議論を交わし、すっかり意気投合したのだ。

一部を抜粋する。

◇　◇

上田　日常的にいろんな事務処理をしながら、総合的な判断をする立場にいる者同士が自由に話すと、新しい発想や提案もできる。そのためにも、もっとフランクにたびたび会えるといいなと思います。

高橋　だから今日、こうした場を設けていただいたことは、われわれにとっては本当にありがたいことです。

——そういう場が少なかったことが問題です。

高橋　われわれもお互いに2年目で、それなりに慣れてきましたからね。私なりに思っていることを、道庁の職員と議論しながら発信していこうと。おそらく市長も同じ思いでいらっしゃると思います。

——支持基盤の違いは気になりませんか。

高橋　関係ないんじゃないかな。

上田　ええ、まったく気になりません。

◇　　◇

統一地方選では敵味方に分かれて戦った知事と市長だが、選挙が終わればノー

サイドで、2期目に入ってからも、しばらくは道と市の関係にとりたてて大きな変化はなかった。

「知事の官僚的なところが大嫌い」

だが、2009年9月衆院選で政権交代がおこなわれ、民主党政権が誕生。知事と市長の「政権党との距離」が一変した。

自公政権時代、自民党から徹底的に干された

『財界さっぽろ』2005年新年号で対談した高橋はるみ知事(右)と上田文雄札幌市長

上田だったが、民主党政権では閣僚や党幹部と直接会談を重ね、中央とのパイプを大いにアピールするようになった。

逆に知事は政権とのパイプがすっかり閉ざされてしまった。

上田は「北海道の発展なくして札幌の発展はない。札幌市の資源を北海道のために活用していく、というのが札幌市の生きる道」として、従来の札幌市の役割を超えて、道内の他の市町村との連携を熱心に展開した。「さっぽろオータムフェスト」もその1つだ。

2007年には自ら音頭を取って、石狩管内6市1町1村の首長たちと「札幌広域圏首長懇談会」(札幌圏G8)を開催している。

さらに2009年からは毎年、道内の中核6都市(札幌、函館、旭川、帯広、釧路、北見)との意見交換会を実施してきた。

そんなことから「民主党政権下で上田市長は、高橋知事に代わって道内の盟主になろうとしている」（民主党関係者）といった観測も出た。

そんな噂が耳に入れば知事も穏やかではない。

２０１０年に入り日本航空（ＪＡＬ）が経営破綻、会社更生法を申請。子会社の北海道エアシステム（ＨＡＣ）がＪＡＬグループから切り離されることになった。

ＨＡＣの新しい経営体制のスキームは、ＪＡＬと道主導で決められ、大株主の札幌市との事前協議はまったくおこなわれなかった。

「札幌市が再三、スキームが決まる前の話し合いを道に呼びかけたにもかかわらず、道は官僚対応に終始した。自分たちで決めるから、あとは従えと言わんばかりの姿勢だ」と上田はカリカリ。

ついには『情報開示が不十分で、道議会での答弁と札幌市との協議内容に齟齬があり、遺憾である』との抗議文を、知事に突きづけるといったひと幕まであったのだ。

これに対して知事は「正式に協議しようと思っていた段階での申し入れに驚いている」と不快感をにじませた。

道は当初、HACの拠点を新千歳空港にするか札幌丘珠空港にするか天秤にかける姿勢をとっていた。

一方、市はHAC路線をなにがなんでも丘珠に集約したかった。そんな思惑のぶつかりあいもあった。

HAC問題で不信感が醸成された知事と市長の間に、決定的な亀裂が生じたのは、原子力発電問題だった。「反原発」は理念派・上田の譲れぬ一線だ。

対する高橋は、経済産業省出身で基本的には原発推進の側にいる。泊原発の再稼働問題で協議会に参加したい札幌市。札幌市を閉め出したい道と北海道電力――そんな構図が両者の距離を広げていった。

知事周辺からは「上田市長は左翼だから」といった声が漏れ、市長周辺からは「市長は高橋知事の官僚的なところが大嫌いだ」と反発するといった状況にまでなった。

笑い話のようだが、こんな出来事もあった。

2012年8月に北海道新幹線の札幌延伸（新函館北斗・札幌間）の起工式と着工祝賀会が、なぜか長万部町で開催された。

「実は当初、起工式・祝賀会は札幌で開かれることになっていたのだが、知事が強く抵抗したといわれる。札幌でやると上田市長が主役のように見える。上田嫌いの知事にしてみれば、新幹線の主役は私だ、という思いが強かったのだろう。結局、新幹線の沿線全体に配慮するという理由をつけて、中間点の長万部でやることになったんです」（有力経済人）

第8章

〝上田後継〟の秋元克広に早くも与野党相乗り論

上田文雄が勇退。〝上田後継〟の秋元克広と本間奈々の事実上の一騎打ちとなった2015年の市長選は、経済界が割れたばかりか、自民党の森喜朗と橋本聖子が、敵方に「為書《ためが》き」を送るといった驚きの行動に出るなど、保守分裂の様相となった。

上田に4選論から知事選擁立論まで

最初の選挙は、大乱戦・再選挙となった上田だったが、2選、3選は圧勝している。2007年4月の市長選の相手は国土交通省技監だった清治真人で、結果は——

上田文雄　53万5023票

清治真人　36万2154票

3選した2011年4月選挙の相手は総務省官僚だった本間奈々。

上田文雄　53万1524票
本間奈々　36万7660票

その3期目の折り返し地点（2013年4月）をすぎた頃から、知事・高橋はるみに4選論が強まり、同じように上田にも4選論や、知事選出馬説、衆院選1区・横路孝弘の後継説などが出始めていた。

清治真人氏

本間奈々氏

2012年12月の衆院選で歴史的惨敗を喫し、政権の座を失った民主党。道内でも12の小選挙区全てで落選。わずかに比例区で、横路孝弘と荒井聰の

2人が復活当選しただけだった。

そんなどん底に落ちた民主・連合陣営にとって、市長選や知事選で、上田をしのぐ〝タマ〟の持ち合わせはなかった。

それだけに陣営の上田に対する期待感は強かった。

だが、「上田さんには4選をやる気はまったくない。めぐみ夫人も絶対反対だ」(民主党関係者)とされており、上田の勇退の意志はみじんも揺るがなかった。

自民党では、前回市長選に出て敗れた本間奈々を軸に、候補選びが進められていたが、「本間で勝てるのか」といった声も少なくはなかった。

そんな中、副市長・秋元克広の名前が噂に上り出したのが2013年の秋ごろだ。有力関係者はこう語っている。

「去就が注目される中で、上田市長はごく親しい人たちに4選不出馬を告げ、ひそかに後継問題についても話し合ったようだ。そこで市長に近い経済人や民主党関係者が、市長の意を体して、秋元擁立の可能性を探った。具体的に秋元さんと接触し、打診したのは、上田後援会の世話人代表をやっていた札幌中央アーバン社長の光地勇一さんだといわれている」

光地は元札幌商工会議所専務。もともと保守系の人物だが、上田は帯広三条高校の後輩ということで、ずっと上田応援団をやってきた。

秋元克広は、1956年（昭和31年）夕張市生まれ。北海道大学法学部卒。上田市政スタート時の秘書課長で、その後、南区長などを経て初代の市長政策室長に抜てきされた。

2012年に、同郷の先輩である小沢正明の退任を受け、副市長に昇格していた。

秋元克広氏

「派手さはないが、堅実なタイプ。いわゆる能吏だ」（市役所ＯＢ）というのが衆目一致した評価。

秋元自身、政治的な野心はゼロ。光地からの思わぬ打診に驚き、しばし悩んだようだ。

町村信孝激怒で橋本聖子〝脱藩騒動〟

２０１４年の年明け早々、その秋元をめぐって、これまた思いがけない動きが表面化する。

市長選で上田に3連敗をくらい、12年間延々と〝市政野党〟の自民党とつき合わざるを得なかった経済界には「本間奈々で大丈夫なのか。もう負け戦《いくさ》はいやだ。相乗りでもいいじゃないか」といった空気が潜在していた。

2013年12月末、自民党札幌支部連合会（札連）の選考委員会で、手を上げていた本間奈々と札幌市議の長内直也を対象に、投票がおこなわれた。

結果は、本間10票、長内1票、白票12票で、誰も過半数に達せず、選考は仕切り直しになった。

当時の札連会長・橋本聖子や幹事長・山田一仁ら執行部は、全員白票を投じたといわれる。実は、橋本や山田は本間以外の選択肢をひそかに模索していた。経済界の水面下の動きもキャッチしていたからだ。

そして、2014年1月に入り、札幌商工会議所副会頭の岩田圭剛や似鳥昭雄

橋本聖子氏

らが、秋元の擁立を目論んで「秋元も候補選考に加えてほしい」という要望書を、札連に提出した。

この経済人の動きに札連の橋本執行部が乗ったことから、町村信孝が激怒。

「何を考えているんだ。秋元は上田の子分じゃないか」と町村は橋本を責め、ついには「派閥を出て行け」とまでやったという。

橋本も橋本で「派閥を出て行くし、札連会長もやめる」とヒートアップ。ときならぬ脱藩騒動にまで発展したのだ。

町村周辺では「派閥を出て行けとは言ってない」としていたが、橋本が派閥脱会届けを、橋本の後ろ盾でもある森喜朗のところへ持って行ったことは間違いない。

今度は森が激怒する。

「冗談言っちゃいかんよ。橋本聖子は1人の橋本聖子じゃない。5人分6人分の橋本聖子だよ。いったいどういうことなんだ」

永田町では、町村派（現・細田派）の〝影のオーナー〟と目されている森の怒りに、派閥の幹部はただオロオロ。ついには安倍晋三が、橋本に派閥にとどまるようにと、説得に乗り出す事態にまでなった。

これが後述する「為書き」事件の背景である。

町村は早くから本間擁立派だったし、大半の党区連支部長も本間派だった。橋本がやめた後の札連会長に町村自身が就任。町村主導で、２０１４年1月16日に

森喜朗氏

本間の推薦を決定した。
前後して、商工会議所の新年会の席で、町村は岩田、似鳥ら、秋元を推した面々に厳しく詰め寄るといったひと幕もあった。「あんな大勢の前で、なにもあそこまでしなくても……」といった声も少なからず出た。
秋元側に傾いた経済人に町村から電話がかかってきて、長時間、説教をされたといったこともあり、町村の強烈なプッシュが、逆に反発につながった面もあった。

上田色、民主・連合色を押さえて……

自民党の推薦が決まり本格的に動き出した本間陣営に対し、秋元がいつ出馬表明をするかに耳目が集まった。だが秋元はしばらく表立った動きはしなかった。出馬表明をすれば、市役所をやめざるを得ない。できるだけ長く副市長を務めて各種会合に出席し、知名度アップにつなげたほうがいいという陣営の判断も当然あった。

秋元は事実上の〝上田後継〟で、バックに民主・連合がついていたが、上田色、民主・連合色があまり前面に出すぎると、経済人・保守層が乗りづらい。

そこで、経済人や学識経験者で構成される〝勝手連〟的な組織を前面に出して、

「市民党」というイメージで保守層にウイングを広げていく作戦だった。

8月初旬、1枚の案内状の話題が、あっという間に経済界に広がった。

「札幌の未来を考える有志の会　発会のご案内」と書かれたペーパーには、ゲストとして副市長の秋元を招くことが記されていた。

呼びかけ人の1人は「札幌市の現状について秋元さんから話を聞くだけ」とマスコミには説明していたが、秋元応援団の立ち上げであることは誰の目にも明らかだった。

9月1日、「有志の会」が秋元に出馬要請をおこなった。この要請を受けて秋元が出馬表明したのが9月16日のことだった。

「有志の会」の代表は加藤欽也（昭和交通社長）、紫藤正行（ダイコクグループ代表）、藤田開（六書堂社長）、西川幸伸（北武会専務理事）、横山清（アークス社長）の5人。

中でも横山は道経連副会長なども務める道内経済界の大物とあって、そのインパクトは小さくなかった。

そればかりでない。

岩田圭剛（岩田地崎建設社長）、勝木紀昭（北海道エネルギー社長）、似鳥昭雄（ニトリホールディングス社長）の3人の札商副会頭や、岩田らと親交の深い大谷喜一（アインファーマシーズ社長）なども、立場上、「有志の会」に名前は出せないけれど、思いを同じくする秋元派の経済人とみられていた。

その後、堀達也（元知事）や田中良治（タナカメディカルグループ代表）、名塩良一郎（ナシオ会長）らも次々と秋元応援団に名前を連ねている。

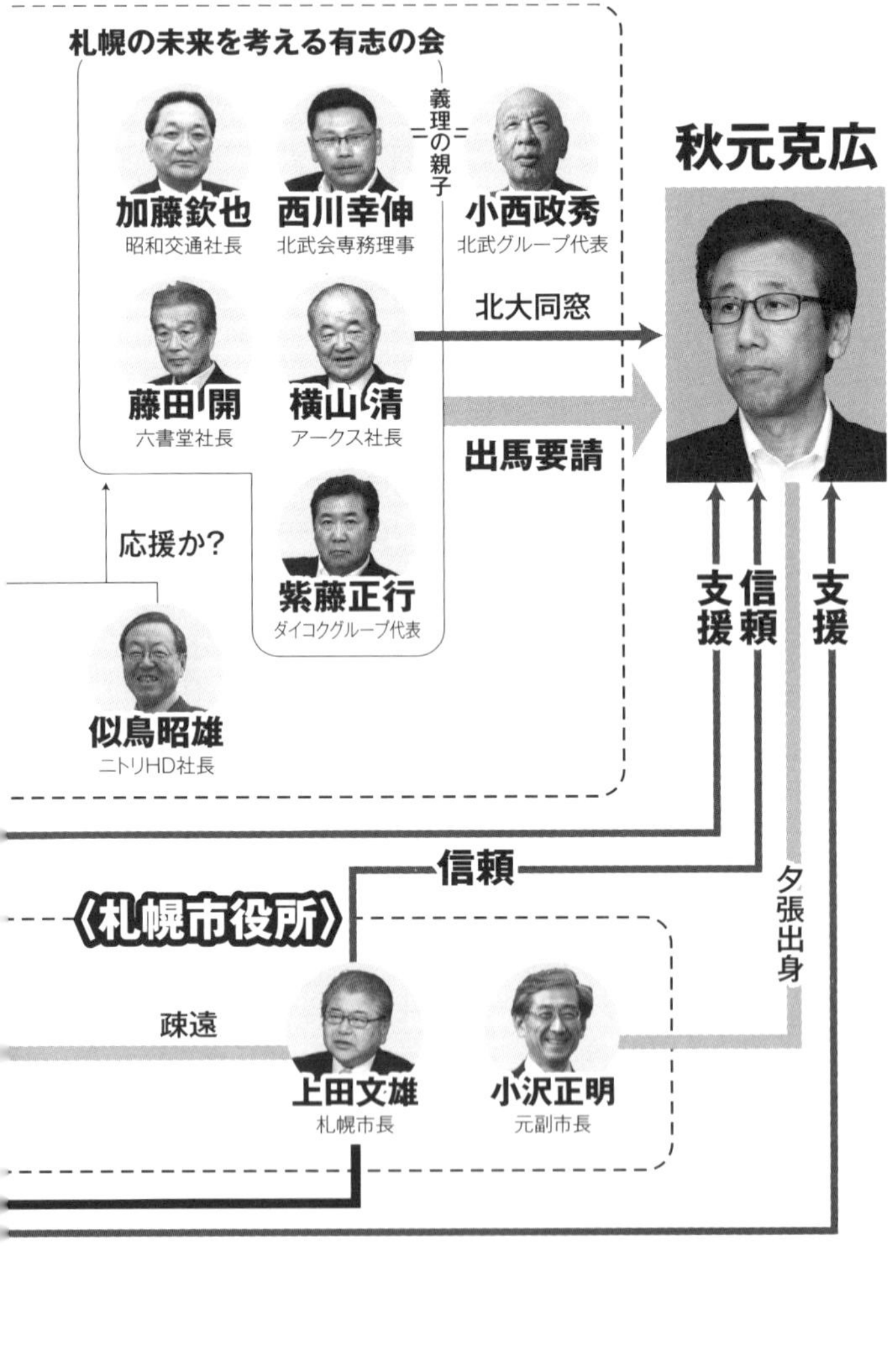
札幌の未来を考える有志の会
加藤欽也
昭和交通社長
西川幸伸
北武会専務理事
義理の親子
小西政秀
北武グループ代表
藤田 開
六書堂社長
横山 清
アークス社長
紫藤正行
ダイコクグループ代表
応援か？
似鳥昭雄
ニトリHD社長
北大同窓
出馬要請
秋元克広
支援
信頼
夕張出身
支援
信頼
〈札幌市役所〉
疎遠
上田文雄
札幌市長
小沢正明
元副市長

■ 2015年札幌市長選相関図

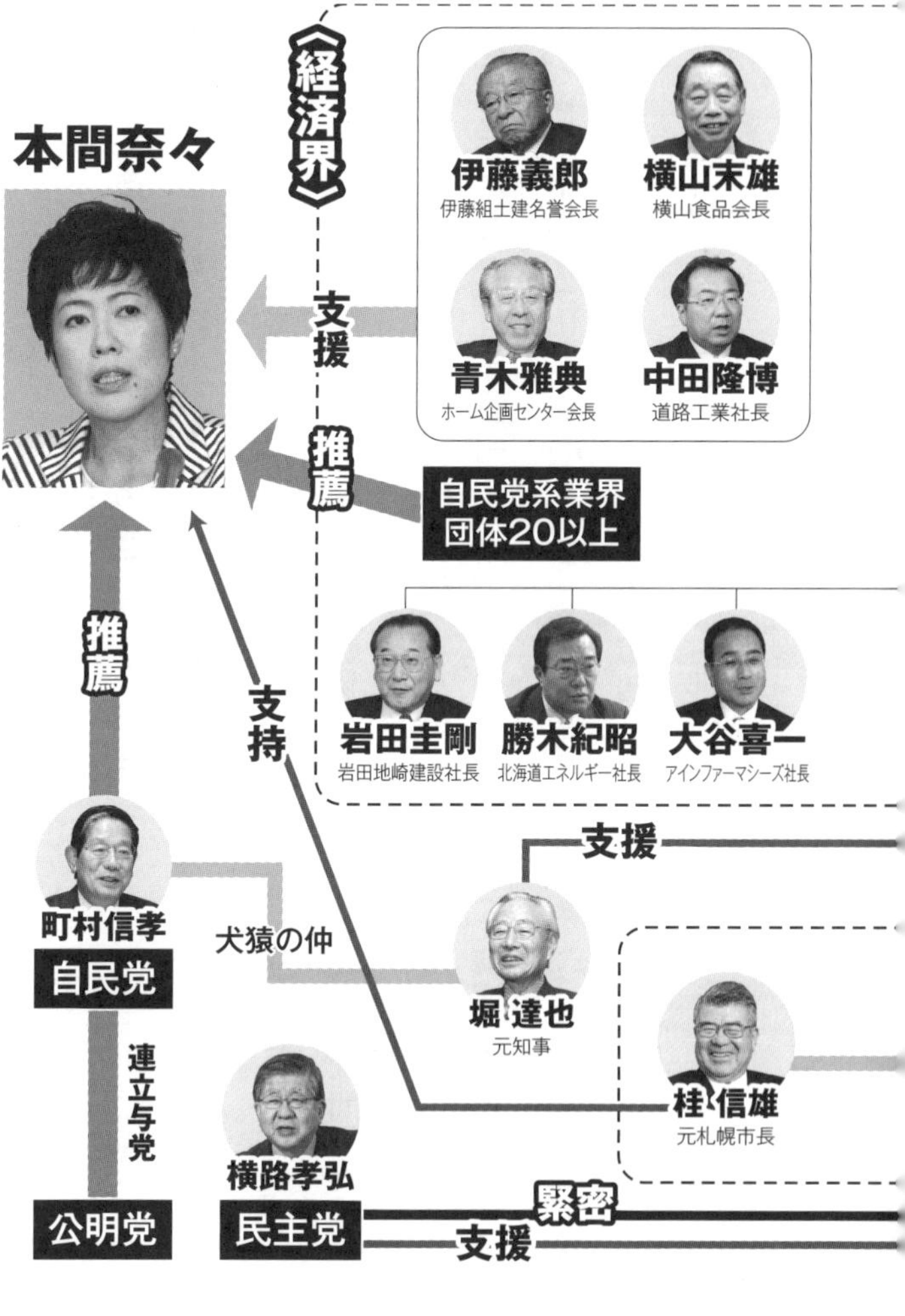

自民党本部でなぜか候補差し替え論も

一方、札幌商工会議所（高向巖会頭）の政治団体・札幌商工連盟や、北海道経済連合会（大内全会長）は本間奈々に推薦状を出し、高向も大内も本間選対役員になっている。

ほかにも伊藤義郎（伊藤組土建名誉会長）、近藤龍夫（北海道観光振興機構会長）、横山末雄（横山食品会長）、青木雅典（ホーム企画センター会長）、武田治（札幌第一興産社長）、橋本毅（ごまそば遊鶴社長）、中田隆博（道路工業社長）、橋本耕二（橋本電気工事社長）、池田薫（池田煖房工業社長）らが本間陣営についた。

元市長の桂信雄も本間応援団だった。

経済界は完全に分裂状態となった。

自民党筋からは「経済界が割れているだけではない。自民党市議や道議だって本気で本間をやる議員と、やったふりの議員に分かれるのではないか。2人の政策には大きな違いはないし、秋元には、上田文雄に対するようなアレルギーはない」という声も出ていた。

自民党有力筋では「実は、本間が候補に決まったとき、当時の石破茂幹事長と河村建夫選対委員長が『どうしても勝たなければならない選挙だ。本間で本当に勝てるのか。今後の調査の結果次第では、候補を差し替えることもあり得る。そのことは町村さんも了承している』と言っていた」としていた。

全国注視のシンボリックな選挙を落とすと、政権に大きな傷がつく。

２０１４年10月26日の福島県知事選で、自民党県連は元日本銀行支店長を擁立したが、調査の結果「勝てない」として、選挙の１カ月前に、党本部が無理やり候補を引きずり降ろして、なんと民主党が支援する候補に相乗りしている。相乗りすれば「負け」にはならないからだ。

９月に秋元が出馬表明をした直後に、自民党本部でおこなった調査で、本間より秋元のほうが上という数字が出たことから、候補差し替えの噂も流れた。

決戦の年２０１５年に入り、１月に新党大地と社民党道連が、相次いで秋元支持を表明。２月には民主党本部が秋元推薦を打ち出し、３月には維新の党が秋元推薦を決めた。

共産党の春木智江、無所属の飯田佳宏、須田真功らも立起したが、事実上、秋元と本間の一騎打ちの選挙となった。

公明・学会が本間奈々の〝鬼門〟に

３月に公明党が自主投票を決め、本間陣営を落胆させた。公明・創価学会対策は本間陣営の大きなテーマだったからだ。

２００７年市長選では、清治真人を自民党・公明党が推薦していたが、２０１１年に本間奈々が上田と戦ったときは、公明党は本間に推薦を出していない。上田と学会の〝接近〟については前述したが、その流れで学会は秋元とも遠い関係ではなかった。

だから「学会の総道長だった浜名正勝さんは、かなり早い時期から『本間はだめだ。秋元ならうちは乗れる』という感触を口にしていた」と、浜名に近い有力関係者はいう。

さらに、本間が正式に自民党の候補に決まってから、学会の総合長の野村繁敏をいたく不快にさせたひと幕があった。

学会関係者はこう話す。

「自民党の推薦が正式に決定し、町村さんと一緒に本間さんが厚別の創価学会北海道本部に挨拶にきた。野村さんもここで本間さんと顔を合わせ、挨拶を交わしている」

「ところが、その少し後で、あるパーティーの席で、本間さんと野村さんが同じテーブルに座ったというんです。本間さんも毎日毎日、初対面の人と会わなければならないから、かわいそうといえばかわいそうだが、同じテーブルにいながら、さっき会ったばかりの野村さんに気づかず、挨拶もしなかった。これは選挙をやる身とすれば、まずいことだ。しかも相手が相手だ。町村さんは『公明・学会とは東京で話をつける』と言っているそうだが、そんな簡単にいくものではない」

橋本聖子が「為書き」で意趣返し

こんなドラマもあった。

選挙戦も追い込みにかかっていた2015年2月12日。

秋元の選対本部になんと自民党のドン・森喜朗と、橋本聖子らの「為書き」（「必勝」応援ポスター）が貼られ、本間陣営に大きな衝撃を与えた。

「橋本さんは頭がおかしくなったのか」と本間陣営幹部はうめいた。

秋元選対では、幹部が陣取る後ろのカベの中央に候補者・秋元のポスターがあって、それを挟むように、当時の民主党北海道代表の横路孝弘と、森の為書きが右と左にデカデカと貼られていたのだ。

さらに橋本聖子のほか、自民党参院議員会長の溝手顕正、同じく自民党参院議員の岸宏一の為書きもズラリ。

秋元陣営幹部はこのことを積極的にマスコミに流した。「自民は本間でまとまっていない」と印象づけることができるからだ。

かりに橋本一人の行動だったら、厳しく党規違反に問われるところだが、森御大や溝手、岸らも一緒とあって、党中央では大きな問題にはならなかった。

この「為書き」事件は、前述の橋本聖子脱藩騒動を背景とした、町村に対する橋本の意趣返しということになる。

「党本部では、本間は劣勢と判断している。かりに本間が負けた場合でも、秋元ともつながっているという、自民党のしたたかな〝保険〟の意味もあったのだろう」（自民党筋）といった見方もなされた。

現に、秋元が選挙に勝ってわずか1カ月後の2015年5月14日、秋元は参議院自民党幹事長の伊達忠一、札連会長の高木宏壽、そして橋本聖子に連れられて、総理官邸を訪れ、安倍晋三と面会している。

翌15日の道新朝刊は次のように報じている。

『安倍首相が「経済界はほとんど秋元氏（支援）だった。本来は秋元氏が（自民党の）候補になるはずだった」と語った』

次の市長選は秋元で与野党相乗りか

あれからはや1年余。

「秋元さんは一生懸命やっていると思う。前市長の上田さんは緊縮財政だったが、秋元さんは自動車専用道路の都心乗り入れに調査費をつけたように、将来を見越して投資すべきものには投資する姿勢だ。経済界も歓迎している」

「日の丸・君が代を拒否した上田さんとは、思想信条が合わない経済人が多かったが、秋元さんはそんなことないし、本間さんの選挙をやらずに秋元さんをやった経済人も少なくなかった。経済界とすれば、次の市長選はゴタゴタしないで、ぜひ秋元さんで一本化してもらいたい」

さる有力経済人はそう語っている。

また自民党札連関係者も次のように語る。

「自民党市議は、本間さんの選挙をやったけれど、秋元さんは副市長だったし、課長時代から知っている議員も少なくないから、表向きはともかく、本音では、いまでも『秋元はだめだ』という議員はほとんどいない。だから今後、次の市長選へ向けて与野党相乗りが模索されていくことになると思う」

秋元もそのあたりを意識してか、２０１６年４月におこなわれた全国注視の衆院５区補選では、和田義明、池田真紀両陣営からアプローチされたが、どちらにも顔を出すことはなかった。

和田義明氏

池田真紀氏

また、上田は市長時代に毎月１回、

札幌すみれホテルで、市議会民主党や連合の幹部と朝食会をやっていた。〝上田後継〟の秋元も、同じように民主・連合の幹部と朝食会をやっている。上田とちょっと違うのは、秋元擁立の中心となった経済人の後援会幹部とも朝食会を始めたことだ。

与野党相乗りは選挙をやる身にとっては、こんな楽なことはない。

しかし、オール与党体制はまた往々にして、〝事なかれ〟に堕しかねない。

当面する泊原発再稼働問題、新幹線札幌延伸での財政負担、オリンピック誘致問題などで、まずは秋元のリーダーとしての真価が問われよう。

ざいさつアップル新書 007

札幌市役所「権力継承と確執」70年史

2016年6月30日　初版第1刷発行

編著者　……………………「財界さっぽろ」編集部

発行者　……………………舟本秀男

発行所　……………………財界さっぽろ

〒064-8550 札幌市中央区南9条西1丁目1-15

ホームページ http//www.zaikaisapporo.co.jp

印刷・製本　……………大日本印刷株式会社

ISBN978-4-87933-517-3